Meine Mini-Farm

Meine Mini-Farm

Die neue Lust auf Land

Francine Raymond

Fotografiert von **Bill Mason**

KNESEBECK

Titel der Originalausgabe: *My Tiny Home Farm*
Erschienen bei Pavilion Books, London, Großbritannien 2017
Copyright © 2017 Pavilion Books
Copyright Texte © 2017 Francine Raymond
Produktion: Mission Productions Ltd., Hong Kong

Deutsche Erstausgabe
Copyright © 2017 von dem Knesebeck GmbH & Co. Verlag KG, München
Ein Unternehmen der La Martinière Groupe

Aus dem Englischen übersetzt von Christine Schnappinger
und Dietmar Schmitz
Umschlaggestaltung: Leonore Höfer, Knesebeck Verlag
unter Verwendung eines Bilds von © Westend61/Getty Images
Produktion und Herstellung: VerlagsService Dietmar Schmitz GmbH, Heimstetten
Druck: 1010 Printing International Ltd, China
Printed in China

ISBN 978-3-95728-037-4

www.knesebeck-verlag.de

INHALT

EINFÜHRUNG

Kleingärtner sind ein gemischtes Völkchen. Während die einen nur Obst und Gemüse anbauen und nebenbei Hühner und Bienenvölker halten, ziehen andere das Ganze richtig groß auf. Manche Familien können sich dank einer ausgewogenen Mischung aus Nutztierhaltung und Landbau überwiegend selbst mit gesunden Lebensmitteln versorgen.

In einer idealen Welt stünden solche Lebensmittel jedem zur Verfügung. Leider reicht der vorhandene Raum jetzt schon nicht mehr, um den Bedarf aller aus eigener Kraft zu decken. Aber jeder von uns könnte sein Leben mit selbst erzeugten Saisonprodukten bereichern, ein paar Hühnern eine Heimat geben und Insekten ihre Bestäubungsarbeit erleichtern – direkt vor der eigenen Haustüre.

Doch wie soll man so seine Lebensführung nachhaltig umstellen, wenn Grund und Boden so teuer sind wie jetzt? Die Lösung ist simpel: lokal einkaufen, junge Gründer vor Ort unterstützen, Cafés und Restaurants besuchen, die regionale Quellen bevorzugen – und eine grüne Zukunft propagieren, der nächsten Generation vorleben, wie es geht.

Sie finden außerhalb Ihrer vier Wände kein Fleckchen Erde, das zum Eigenanbau taugt? Helfen Sie als Freiwilliger bei einem der Gemeinschaftsgarten-Projekte mit, die vielerorts in Städten entstanden sind. Die Ernten werden geteilt, man bekommt hautnah mit, wie alles wächst, und schließt neue Freundschaften. Ob Guerilla-Gärtnern Ihr Ding ist, müssen Sie selbst entscheiden, aber auch auf diesem Weg lässt sich irgendwo ein winziges Beet, ein Straßenbankett oder die Lücke im Bürgersteig zu Füßen eines Baums für eigene Pflanzen erobern.

Sie wollen sich nicht langfristig binden, weil Ihnen einfach die Freizeit dafür fehlt? Urlaub auf dem Bauernhof geht auch anders: Organisationen wie Workaway vermitteln Volunteers auf der ganzen Welt – das bedeutet, arbeiten, lernen und Spaß haben in einem. Oder Sie verdingen sich als Saisonarbeiter zur Ernte auf einer Obstplantage. Wenn es nicht am Geld scheitert und Sie einfach nur die Füße hochlegen wollen, wählen Sie ein Hotel, das ausschließlich nachhaltig wirtschaftet.

Stadtbewohner ziehen traditionell in Gartenkolonien Gemüse, manchmal sind dort auch die Haltung von Geflügel und Imkerei erlaubt. Im Schrebergarten (Deutschland), Kleingarten (Österreich) oder im Familiengarten (Schweiz) bekommt man Parzellen für einen mäßigen Pachtzins, aber die Länge der Wartelisten für Bewerber wird häufig noch vom Umfang der Vorschriften übertroffen, an die man sich halten muss.

Balkone, Hinterhöfe oder Flachdächer dagegen werfen überraschend gute Gemüse- und Obsternten ab. Man muss nur das Maximum aus der verfügbaren Fläche herausholen, indem man Pflanzkübel und Kletterpflanzen verwendet und so auch die Vertikale nutzt. Nur das Wässern und Düngen darf man nicht vernachlässigen. In einer Stadt Bienenvölker auf dem Dach zu halten ist nicht nur weltweit im Kommen, die Methode ist auch erfolgreich. Die fleißigen Insekten fliegen in einem Radius von acht Kilometern Gärten und Parks an.

Mit einem eigenen Garten, und sei es nur ein kleines Fleckchen Erde vor oder hinter dem Haus, vervielfältigen sich die Anbaumöglichkeiten. An Spalieren kann man auf einem winzigen Wurzelstock veredeltes Obst züchten, während Hochbeete und Pflanzkübel mit Gemüse und Kräutern im sorgfältig komponierten Fruchtwechsel eine kleine Familie mit Salaten und Saisongemüse versorgen. Ein Gewächshaus im Kompaktformat oder ein Frühbeet verlängern die Anbauzeiten.

Besitzer mittelgroßer Gärten können bereits über die Haltung von Geflügel nachdenken, vorausgesetzt, Reineke Fuchs schleicht nicht ständig ums Haus, und selbst das ist in Städten heute keine Ausnahme mehr. Wer Tiere hält, muss ihnen aber auch genügend Platz einräumen, sonst ist der Versuch zum Scheitern verurteilt. Kleine Geflügelrassen wie das Bantamhuhn oder die Zwergente wären denkbar. Am besten fängt man mit einem Trio an. Ab einem halben Hektar wird das Halten von Schweinen interessant; man kauft Aufzuchtferkel und mästet sie, bis sie im Herbst schlachtreif sind.

Das Wohl der Tiere sollte für den Mini-Landwirt dabei immer im Mittelpunkt stehen. Wer Viehhaltung ernsthaft in Erwägung zieht, muss sich dafür ausbilden lassen und lernen, wie man mit Nutztieren richtig umgeht. Die Zahl der Vorschriften zum Schutz der Tiere und für die Sicherheit der Mitbürger ist groß – verschaffen Sie sich zuerst einen gründlichen Überblick, damit Sie später keine bösen Überraschungen erleben.

Wenn sich doch einmal die Gelegenheit ergibt, im Hinblick auf eine kleine Mischlandwirtschaft ein Stück Land zu kaufen, sollten Sie folgende Punkte beachten:

- der Boden darf nicht zu feucht oder sumpfig sein oder in einem Überschwemmungsgebiet liegen;
- fruchtbare Erde und Weidemöglichkeiten;
- nahe Schlachtmöglichkeit und ein örtlicher Veterinär, der sich mit der Sorte Vieh auskennt, die Sie halten möchten;
- Nachbarn, die keine Einwände gegen Ihre Landwirtschaftspläne erheben;
- klare Wegerechte, die den Zugang zu Ihrem Grund sichern;
- Wasseranschluss, Gebäude und Zäune sollten möglichst bereits vorhanden sein.

Vordergründige Schwächen könnten sich auch als Stärken erweisen: In Feuchtgebieten baut man Wasserkresse an oder züchtet Fische; sandiger Boden ist ideal für Schweine; ein Abhang in Südlage eignet sich vielleicht sogar für Weinbau. Grundsätzlich sollte das Stückchen Land frei von Unkraut und Schädlingen und auf jeden Fall fruchtbar sein.

Neben dem sorgfältigen Umgang mit den anvertrauten Tieren ist die Steigerung der Ertragsfähigkeit des Bodens eine weitere zentrale Voraussetzung (klein)bäuerlichen Wirtschaftens. Verbessern Sie ihn mit selbst gemachtem Kompost und Dünger (grün oder aus Tierdung), das steigert die Produktivität und holt auch aus Abfällen noch etwas heraus. Wer wild lebenden Tieren und nützlichen Insekten Lebensraum und Nahrung bietet, hält Schädlinge in Schach und sorgt für die Bestäubung der eigenen Nutzpflanzen.

Geld spart man, indem man Saatgut selbst heranzieht, kleine Baumaßnahmen eigenhändig ausführt und überlegt, ob man nicht mit Holz vom eigenen Land heizen könnte. Wer weiß, wie man nach der Ernte seine Erzeugnisse mithilfe traditioneller Methoden einlagert oder haltbar macht, ist klar im Vorteil. Selbst einfache Marketingkenntnisse helfen dabei, Überschüsse auf dem Bauernmarkt oder sogar über das Internet zu verkaufen, natürlich unter Einhaltung der einschlägigen Verordnungen.

Es war ein tolles Erlebnis, die Kleinlandwirte in diesem Buch zu besuchen und kennenzulernen. Ich hoffe, dass die Erfahrungen dieser Menschen Sie bei Ihren ersten Schritten auf dem Weg zu einer autarkeren, gesünderen und nachhaltigeren Lebensführung unterstützen, mit Nahrungsmitteln aus eigenem Anbau für Sie und Ihre Familie.

WELTWEITES WACHSTUM

Schmackhaftes vom Feld und aus dem Garten gibt es rund um den Erdball. Entdecker und Einwanderer haben unseren Speiseplan bereichert. Was wäre unsere Küche ohne Tomaten, Gartenbohnen oder Paprika, die ihren Ursprung in der Neuen Welt hatten? Kaum ein Urlauber, der nicht eine kulinarische Idee als Souvenir mitbrächte. Ganz zu schweigen von Brokkoli, Bulgur und Co., die mit den heimisch gewordenen »Gastarbeitern« früherer Jahrzehnte zu uns fanden.

Hersteller von Saatgut haben ihr Angebot laufend erweitert und sind weltweit im Internet präsent. Was findige Enthusiasten in Kleingärten anbauen, wird früher oder später von TV-Kochsendungen, Kochbüchern und Zeitschriften begierig als neuer Trend aufgegriffen. Fortschritte in der Tierzucht und -haltung versprechen größere Erträge, während gleichzeitig alte und seltene Rassen wiederentdeckt und für kommende Generationen bewahrt werden.

Alles, was die Welt an Zutaten zu bieten hat, kann auch auf unserem Tisch stehen – wir brauchen nur die Kraft der Sonne, fruchtbaren Boden, sauberes Wasser und das bisschen Mut, etwas Neues zu wagen.

Arbeit an der frischen Luft ist nicht nur gesund, beim Gespräch am Zaun werden auch Tipps und Know-how ausgetauscht.

DIE GRÜNE INTERNATIONALE

Auf den ersten Blick sieht ein Kleingarten wie der andere aus, ganz so, als hätte sich seit den Tagen Moritz Schrebers nichts geändert. Bei näherer Betrachtung allerdings findet man in einigen Obst, Gemüse und Kräuter, die vor 50 Jahren allenfalls Botanikern ein Begriff waren. Die traditionell angebauten Kartoffeln, Karotten und Rüben geraten mittlerweile beinahe ins Hintertreffen, weil neue Zutaten den Weg auf unsere Küchenzettel gefunden haben.

Auch die Gärtner haben sich verändert: Häufig sind es jetzt Menschen aus aller Welt, die sich dem gemeinsamen Ziel verschrieben haben. Das erlebe ich selbst bei meinen Besuchen am Rande von Dörfern, in Kleinstädten und inmitten von Großstädten, in Anlagen, die von Kommunen vor einem Jahrhundert oder mehr für Familien bereitgestellt wurden, damit sie ihren eigenen Lebensunterhalt besser bestreiten konnten.

Ihren größten Aufschwung erlebten Gemeinschaftsgärten in Krisen-, Not- und Kriegszeiten. Zeitweise galten sie als altmodisch, aber die Nachfrage wächst wieder; das belegen lange Wartelisten und die Tatsache, dass sich Familien Parzellen teilen müssen. Diese Grundstücke taugen nicht nur zum Anbau von Früchten, hier kann man sich unter freiem Himmel vom Alltag erholen und neue Kontakte knüpfen.

Gerardo und Carmella Crolla lernte ich auf ihrer Parzelle im englischen Hügelland kennen, während sie an einem Sonntagmorgen Artischocken ernteten. Carmella pflückt sie, wenn sie noch jung sind. Sie werden mit Fleisch, Kräutern und Weißbrotbröseln gefüllt und mit Tomatensauce serviert. Was übrig bleibt, wird eingefroren oder in Öl (sott'olio) oder Essig (sott'aceto) eingelegt. Artischocken der Sorte 'Romanesco' stehen auch in zahlreichen umliegenden Gärten, weil Gerardo sie großzügig an Nachbarn verschenkt. Carmella ist damit nicht immer einverstanden: »Die lassen sie auswachsen, dann werden sie zäh wie Leder.«

In Reih und Glied gedeihen Borlotti-Bohnen, die man trocknet und im Winter in Eintöpfen isst, Zucchini und Speisekürbisse, aber auch Chicorée, den man blanchiert in Calzone genießt. Daneben wachsen Tomaten 'San Marzano' für den Sugo und Stängelkohl, den man mit Orecchiette-Pasta serviert. Im Frühbeet werden Agretti (ein Frühlingsgemüse mit langen fleischigen und knackigen Stielen), Basilikum und Rucola gezogen, noch vor einem Jahrzehnt ungewohnte Gäste auf unseren Tellern, jetzt kaum wegzudenken. Gerardo hat von einem befreundeten Nachbarn eine Rhabarberpflanze bekommen – eine Delikatesse, die man wiederum in Italien nicht kennt.

Gerardo, Carmella und ihr Enkel posieren
stolz inmitten ihres Gartens: reihenweise
Gemüse für die Familienmahlzeiten und
ein kleiner Weinberg für Tafeltrauben.

Das Ehepaar Crolla zieht alles Gemüse für den eigenen Bedarf selbst, dazu Pflaumen, Äpfel, Pfirsiche und Erdbeeren. Der achtjährige Enkel Gerardo Jr., aus Wales zu Besuch, mag, was seine *nonna* kocht; die aber beklagt, dass ihre Töchter keine Zeit mehr für den Garten und das Kochen hätten. Das lässt sich verallgemeinern: Junge Leute trifft man in der Gartenanlage tatsächlich eher selten.

Gerardo sammelt und trocknet sein Saatgut selbst, weil die hiesige Kaufware nichts tauge und schlecht keime, wie er sagt. Er verlässt sich zudem auf die großen und billigen Pakete mit Saaten, die er von Besuchen in der alten Heimat Italien mitbringt. Immerhin sind jetzt auch ungewohnte Sorten hier verfügbar, weil die meisten Züchter dankenswerterweise ihre Palette erweitert haben.

Sogar unter nördlichem Himmel wächst exotisches Gemüse, das man für die karibische, chinesische, afrikanische oder pakistanische Küche braucht. Der umwerfend aussehende Gemüse-Amaranth stand in Jamaika als *callaloo* Pate für ein Eintopfgericht; seine Blätter und Stängel werden wie Spinat gekocht. Extrem scharfe Schottenmützen-Chilis, Kürbisse und Mexikanischer Oregano brauchen wie der Gemüse-Amaranth wenigstens ein paar frühe heiße Tage. Ich lernte eine pakistanische Gärtnerin kennen, die Speisekürbisse, Koriander und Fenchel in ihrem kleinen Gewächshaus zog.

Oriental Greens wie Pak Choi, Mizuna und Mibuna erfreuen sich bei Kleingärtnern wachsender Beliebtheit, was auch für die weniger verbreiteten Gemüse Tatsoi und Chinakohl gilt, die sich als gute spätsommerliche Salatalternativen anbieten. Okra, die Eintöpfen Substanz verleiht, und Auberginen sind bereits in vielen Gemüsegärten heimisch, was man vielleicht schon bald auch von äußerst nahrhaften Gewächsen wie der Langkapseligen Jute (*Corchorus olitorius*), der Afrikanischen Spinnenpflanze (*Cleome gynandra*) oder der Hülsenfrucht *Crotalaria brevidens* sagen kann, die zwischen Zwiebeln, Kartoffeln und Karotten gut gedeihen.

PRAXISTIPP:
KARTOFFELN IM KÜBEL

Kartoffeln brauchen viel Platz – und der ist in kleinen Gemüsegärten meist knapp bemessen. Neue Kartoffeln aus eigenem Anbau sind geschmacklich unschlagbar, also warum sollte man nicht einmal versuchen, sie in einem alten Eimer oder ausgedienten großen Kübel anzubauen? Das ist eine ideale Aufgabe für Kinder, die Spaß macht, außerdem umgeht man typische Kartoffelkrankheiten, die in gewöhnlichen Böden lauern.

Für einen Zehnlitereimer mit Kompost reicht eine Kartoffel, in einem Kübel sind es je nach Größe bis zu vier. Salatkartoffeln oder sehr frühe und frühe Pflanzkartoffeln eignen sich am besten.

1. Die Kartoffeln in Eierkartons legen, mit dem stumpfen Ende (erkennbar an den »Augen«) nach oben. In einem hellen und kühlen Raum aufbewahren, bis sich Triebe zeigen.

2. Zur Dränage einige Tonscherben auf den Boden des Kübels legen. Zu einem Viertel mit Mehrzweckkompost ohne Torfbeimischung auffüllen, dann die Knollen mit den Trieben nach oben darauflegen.

3. Bis zur Hälfte mit Erde anschütten. Sobald sich grüne Schösslinge zeigen, nach und nach weiter auffüllen, bis man den Rand des Behälters erreicht. Alle zwei Wochen Flüssigdünger zugeben und regelmäßig gießen, sonst wachsen die Kartoffeln nicht. Ernten, sobald sich die Blätter gelb färben und absterben.

Ein paar Hühner sind ein guter Einstieg in die Nutztierhaltung – sogar ein kleiner Garten reicht dafür.

VOM BANKER ZUM KLEINBAUERN

Der frühere Banker Hans Meijer hat sich in der niederländischen Provinz Drenthe niedergelassen, arbeitet jetzt als Bildhauer und hält Hühner auf seinem Mini-Bauernhof. Er amtiert auch als Kassenwart des niederländischen Interessenverbands der Hobbytierhalter. Sein Federvieh hat er in alten Ställen in kleinen Gruppen von sechs bis acht Hühnern und einem Gockel untergebracht. Ehe Meijer 1984 mit dem Züchten begann, hatte er schon im jugendlichen Alter von zwölf Jahren Erfahrungen mit dem Ziehen von Junghähnen für den Verzehr gesammelt.

In Drenthe gibt es eine regionale Rasse, das Drentshoen, aber Hans hat sich für eine andere, seltenere, entschieden: die Hagheweyder, die in den 1980er-Jahren als Lege- und Masthühner speziell für Kleinbauern gezüchtet wurden. Vorbilder waren das britische Ixworth- und das französische Bressehuhn. Letzteres gilt bei Gastrokritikern und Küchenchefs, angefangen bei Brillat-Savarin bis hin zu Heston Blumenthal, als das Tafelgeflügel schlechthin. Nur eine ausgewählte Gruppe von Züchtern liefert diese Hühner, die 16 bis 20 Wochen lang ein Luxusleben mit besonderer Fütterung im Freiland führen dürfen, bevor sie geschlachtet werden. Entsprechend hoch ist der Preis für ein Exemplar.

   Der größte Teil des vermarkteten Geflügels, das auf den Tisch kommt, stammt von lizensierten Züchtern und aus Massentierhaltung. Kleinbauern, selbst wenn sie es könnten, verzichten lieber darauf, optimierte Hybride zu kaufen, die ihr Schlachtgewicht bereits nach sechs Wochen erreichen und kaum Geschmack entwickeln. Sie entscheiden sich meist für Rassen, die besser schmecken und länger leben. Die überzähligen Hähnchen landen im Topf, die Legehennen behält man.

*Hans hält seine Lege- und Mast-
hühner gemeinsam in kleinen
Gruppen und lässt sie in großen
Gehegen sorglos umherschweifen.
Um Eier zu legen, brauchen Hennen
keinen Hahn.*

*Ein Frischwasser-
anschluss in Reich-
weite ist für Kleinland-
wirte unverzichtbar.*

Zu den Rassen, die gut legen und schmackhaftes Fleisch liefern (»Zwie-
hühner«), gehören Altsteirer, Ramelsloher, Sundheimer, Welsumer,
Sulmtaler, Sussex und Wyandotten. Ausgesprochene Masthuhnrassen
sind Jersey Giants, Brahma oder Mechelner, um nur einige zu nennen.

Geflügelhalter wissen, dass aus mindestens der Hälfte der Eier männ-
liche Tiere schlüpfen. Im Alter von zwölf Wochen (dann kann man ihr
Geschlecht bestimmen) trennt man sie vom Rest der Herde und lässt sie
als Masthähnchen heranwachsen. Hans betont: »Wir müssen die Tiere
gut behandeln, ihnen ein gutes Leben ermöglichen, sie rücksichtsvoll
schlachten und dankbar für das Fleisch sein, das wir essen. Am Anfang
ist es schwer, doch man bekommt Routine – aber immer sanft und sorgfältig. Ich halte die Vögel gut fest und betäube sie dann rasch.«

Das Schlachten ist keine leichte Aufgabe, also sollte man bei einem
Fachmann in die Lehre gehen und die ersten Versuche unter Aufsicht
machen, bis man die nötige Ruhe und das Selbstvertrauen dafür besitzt.
Pfusch ist für alle Beteiligten schlecht. In den meisten Ländern ist die
Geflügelschlachtung für den eigenen Bedarf ohne tierärztliche Aufsicht
oder Fleischbeschau erlaubt. Die Gesetze und Verordnungen zum Tier-
schutz muss man allerdings kennen und einhalten. Machen Sie sich und
Ihren Tieren den Abschied so leicht wie möglich!

- Tiere vor dem Schlachten zwölf Stunden nicht mehr füttern, aber
  ihnen Wasser geben.
- Außer Sicht- und Hörweite der anderen Tiere schlachten, am besten
  abends, wenn sie schläfrig sind.

- Eine fachgerechte Betäubung ist unerlässlich, meist durch Elektro-
  schock.
- Nach dem Abhacken des Kopfes den Rumpf an den Füßen aufhängen,
  damit er ausbluten kann.
- Rupfen, solange der Körper noch warm ist.
- Ausnehmen, unter fließendem Wasser gut ab- und durchspülen, trocknen, mit Zwirn dressieren, zubereiten oder einfrieren.

»Das Fleisch unserer Hühner schmeckt gut«, erklärt mir Hans. »Sie
werden gut gefüttert, sie haben viel Auslauf und werden ohne Stress
getötet. All das schlägt sich im Geschmack des Fleisches nieder.«

Platz für Hühner findet sich auf Balkonen, Terrassen und Hausdächern.

HÜHNER ON TOP

Die Künstlerin Pamela Reed bloggt als *Brooklyn Farm Girl*. Sie beschreibt sich selbst als Foodbloggerin, Rezeptentwicklerin, Urban Gardener und fünffache Katzenmutter. Mit ihrem Ehemann Matthew zog sie 2005 von Pittsburgh, wo sie die Kunstakademie besuchte, nach New York. Besonders im Sommer vermissten beide die Gärten Pennsylvanias, in denen sie aufgewachsen waren. Dass es da, wo sie jetzt wohnten, weder Gärten noch Beete gab, schreckte sie nicht ab – sechs Stockwerke hoch auf dem Dach begannen sie in einigen Pflanzkübeln mit dem Gärtnern.

Aus bescheidenen Anfängen entstand eine Miniaturfarm. Brokkoli und Blumenkohl, Tomaten und Paprika, Sojabohnen für Edamame, Zuckerschoten, Kartoffeln, Zwiebeln, Karotten, Salate und Grünkohl wachsen in Töpfen, Säcken, Beeten und Kisten, während Kürbisse und Wassermelonen an Pfosten emporranken. Gestelle mit Gartenvlies schützen vor kalten Winden. Mit dem Smartphone werden Wettervorhersagen und Windgeschwindigkeiten abgerufen. Der Hurrikan Sandy vernichtete 2012 die gesamten Kulturen des Paares, aber bereits in der letzten Saison warf der Dachgarten erstaunliche 208 Kilogramm Gemüse ab.

Essensreste werden konsequent verkompostiert und mit Kakaobohnenschalen vermischt, um eine lockere Krume zu gewinnen. Möglichst viel Regenwasser wird aufgefangen. Im ersten Jahr schleppten die beiden noch alles Wasser zum Gießen mehrere Treppen hoch. Mittlerweile steht ihnen ein Schlauchanschluss in einem benachbarten Waschraum zur Verfügung.

Pamela zieht ihre Pflanzen aus Samen in Modulen unter Glas und Wärmelampen.

Der Versuch Pamelas, Hühner zu halten, scheiterte an der Hausordnung und den örtlichen Bauvorschriften; die Zahl der New Yorker, die mittlerweile damit in Hinterhöfen und Gemeinschaftsgärten begonnen haben, wächst aber. Pamela denkt stattdessen inzwischen über Imkerei nach, ebenfalls ein beliebter Zeitvertreib in New York City, wo es sogar eine Gesellschaft der Bienenzüchter gibt.

Aus Kostengründen ziehen Pamela und Matthew alle ihre Pflanzen selbst aus Samen. Dafür nutzen sie ein Regalsystem mit Wärmelampen im Haus. Jungpflanzen kommen erst unter den freien Himmel, wenn die Fröste ganz sicher vorüber sind. Pamela ist davon überzeugt, dass man die Liebe, die sie ihrem Gemüse angedeihen lässt, herausschmecken kann. Mit ihren Blogs ermutigt sie andere, es ihr gleichzutun, selbst unter widrigen Umständen. Sie ersinnt für ihre Online-Gemeinde leckere Rezepte. Einen erfolgreichen Tag lässt sie am liebsten auf dem Dach ausklingen, wenn der Grill zwischen den Beeten auf dem Dach angeheizt wird.

Pamelas Rezepte sind simpel und schnörkellos; sie bauen vorzugsweise auf dem frisch gepflückten Gemüse auf. Ernteüberschüsse werden vorausschauend verarbeitet. In Olivenöl mit Knoblauch und Basilikum geschmorte Tomaten etwa lassen sich gut als Pastasoße oder für die Pizza haltbar portionieren und einfrieren.

Hier wächst nahezu alles, von Rispenbeeren über Wurzelgemüse bis hin zu Salaten.

Lockerer Kompost und leichte Pflanzbehälter, dazu stabile Aufbauten gegen die vorherrschenden Winde – das sind die Voraussetzungen für erfolgreiches Gärtnern auf dem Dach.

Vor Kurzem lud First Lady Michelle Obama das Brooklyn Farm Girl Pamela zur Besichtigung des Präsidenten-Gemüsegartens ein, der ihre Familie und die Bediensteten des Weißen Hauses mit frischem Gemüse versorgt. Die Präsidentengattin gründete die Initiative »Let's Move«, die Bewegung und gesunde Ernährung mit selbst gekochten Speisen aus dem eigenen Garten propagiert. »Stell dir mal vor«, malt sich Pamela aus, »wie sehr die Gesundheit der Menschen davon profitieren würde, wenn wir alle selbst kochen würden, und wie schön und erfüllend das Gefühl ist, die Zutaten dafür auch noch selbst angebaut zu haben.«

Allmählich reicht Pamela und Matthew der Platz nicht mehr aus, um alle gemeinsamen Gartenpläne zu verwirklichen. Ein neues Abenteuer wartet: Grund und Boden kaufen, mit Platz für einen großen Obst- und Gemüsegarten, einen Teich und viele Tiere. »Und einem modernen Containerheim mit Ausblick auf die Berglandschaft der Catskills.« Ob die Träume wahr werden, erfährt man sicherlich unter brooklynfarmgirl.com.

GARTEN ZUM MITNEHMEN

Inmitten einer 27 Hektar großen Baustelle im Bauentwicklungsgebiet King's Cross in London wachsen Apfelbäume, reifen Chilis und Tomaten, summen Bienen, legen Hennen Eier und ernähren sich Menschen gesund. Eine Fata Morgana? Nein, das gibt es wirklich. Oder auch nicht. Denn wir sprechen von einem mobilen Garten, der in Behältern wächst, die regelmäßig versetzt werden, abhängig vom Baufortschritt. Mittlerweile ist die grüne Oase an ihrem vierten Standort angelangt, gleich neben einem naturbelassenen Badeweiher.

Hinter diesem Projekt steht *Global Generation*, eine gemeinnützige Organisation, die jungen Londonern die Grundlagen für eine nachhaltige Zukunft näherbringen möchte. Nicht nur Naturverbundenheit ist angesagt, mithilfe ansässiger Firmen und ehrenamtlicher Helfer werden nach der Schule Führungsqualitäten, Unternehmergeist und Kommunikationsfähigkeit trainiert, alles mit Spaß an der Sache und einem Quäntchen Abenteuerlust. So soll eine völlig neue Generation Kleingärtner heranwachsen.

Angesichts beschränkter räumlicher und finanzieller Mittel wird alles zum Pflanzkübel – je mehr Recycling, desto besser.

Ob Baucontainer oder Schuttsack – die Studenten verwenden billiges Material, das sie am Ort vorfinden. Werkbänke und Gerätschaften entstehen aus überschüssigem Baumaterial und wandern beim Umzug von Café und Garten zum nächsten Standort mit.

Mit der Unterstützung von Architekturstudenten entstanden sieben Bauten aus recyceltem Material von der Baustelle, die künftigen Kleingärtnern Ideen vermitteln, wie man öko-freundlich und kostengünstig baut. Baucontainer werden zu Gemüsebeeten; Gerüstbretter und Schuttsäcke mutieren auf dem gesamten Areal zu Pflanzbehältern. Alte Schiebefenster leben als vertikale Gewächshäuser auf, Eisenbahnschwellen auf mit Erde gefüllten Kaffeesäcken dienen als Werkbänke. Wasserrohre stützen die schützenden Foliengewächshäuser, unter denen sich Pflanzen mit selbst gemachter Beinwelljauche, Wurmkompost und Regenwassersammlern bestens entwickeln können.

Geleitet wird der Garten von Paul Richens, der schon im zarten Alter von drei Jahren »Wurm-Kümmerer« wurde, wie er sagt, und seither in beengten Stadtverhältnissen Bio-Gemüse anbaut. »Dieser Garten ist nicht von Dauer – aber wir werden hoffentlich immer in Bewegung blei-

ben.« Die Ernte wird in der eigenen Küche zubereitet und im Café »Containergarten« den Gästen serviert. Die ständig wechselnde Karte offeriert Saisonsalate mit Blüten, Kräutern, Gemüse und Fruchtsäften, dazu so verlockende Kreationen wie Zucchini-Schokoladenkuchen oder Zitronen-Thymian-Polenta.

In einem Eglu Cube Stall lebt eine kleine Schar Legehennen, Hybridrassen, die jeden Tag reichlich Eier für das Café legen. Darüber steht ein Polyeder aus Bambus, der um einen Birkenstumpf herumgebaut wurde und als Auslauf fungiert. Der Entwurf stammt von Valeria Vyvial, Studentin am University College London. Die Wände haben Öffnungen, die wie Blätter gemustert sind und Luft und Licht hereinlassen.

Damit sich keine Parasiten in der Erde darunter einnisten, sollte ein kleiner Auslauf für Hühner regelmäßig versetzt werden. Streu aus Hartholzschnitzeln fördert die Hygiene, vor allem, wenn der Platz häufig gerecht, mit einem Gartenschlauch abgespritzt und mit Geflügel-Desinfektionsmittel behandelt wird. Hühnerfutter wird in einem Blecheimer mit Deckel aufbewahrt, überschüssiges Futter abends eingesammelt, damit sich keine unerwünschten Mitesser einfinden.

Der Containergarten zieht dank seiner großen Pflanzenvielfalt zahlreiche Bienen an. In Workshops zur Bienenhaltung im städtischen Umfeld führen Mentoren Interessenten ans Imkern heran. Weil nicht jede Nachbarschaft sich dafür eignet, vermittelt die gemeinnützige Organisation *Urban Bees* Paten, die einen geeigneten Platz dafür zur Verfügung stellen. Es muss unser Ziel sein, den Bienen ihr arbeitsreiches Leben zu erleichtern und ihnen mehr einheimische dauerhafte Weiden zur Verfügung zu stellen – vor allem solche mit ungefüllten Blüten (zum Beispiel Korbblütler). Bienen mögen sie lieber, weil gefüllte Blüten weniger Nektar und Pollen bieten bzw. schwerer zugänglich sind.

Die Gärtner in dieser schwedischen koloni ziehen Salat in Hochbeeten, Kräuter und Blütenpflanzen in Hängeampeln und Kartoffeln in Eimern.

SCHREBERN AUF SCHWEDISCH

Nur wenige Regionen Europas bieten so viel unverfälschte Natur wie Skandinavien, und seine Bewohner nutzen dieses Potenzial ausgiebig. Angesichts einer kurzen Anbausaison ist ihr Interesse an Nutzgärten dagegen eher gering. Der gepflegte Rasen mit ein paar Obstbäumen ist die Norm. Das war früher anders: Am Rand der Großstädte finden sich noch Reste einer einst blühenden Kleingartenkultur.

Eija Niskakavi gehört zu den schwedischen Gärtnern, die die *koloniträd-gårdar* (Koloniegärten) wieder für sich entdeckt haben. Sie kaufte eine *stuga* (Sommerhäuschen) mit einem kleinen Stück Land, das zwischen zahlreichen anderen Parzellen vor den Toren Göteborgs liegt. Bewohnt werden diese Häuschen nur in den Sommermonaten, weil es während des restlichen Jahres kein Wasser gibt.

Koloni-Gärten wurden im 19. Jahrhundert von philanthropischen Fabrikanten für die Armen gegründet, die im Gefolge der Industriellen Revolution in die Städte gezogen waren. Wie im übrigen Europa lebten die Schweden ursprünglich vorwiegend vom Landbau. Durch ein stetiges Bevölkerungswachstum war das Land nicht mehr imstande, seine Bewohner zu ernähren; die Mechanisierung der Arbeit verschärfte die Lage zusätzlich.

Die sozialdemokratische Politikerin Anna Lindhagen (1870–1941) folgte dänischen Vorbildern, als sie zur Parzellierung von Land aufrief, damit arme Stadtbewohner eigenes Obst und Gemüse anbauen und etwas frische Luft genießen konnten. Diese Parzellen entwickelten sich im Lauf der Zeit zu Wochenendheimen mit Ziergärten, in denen Kinder spielten und Nachbarn sich über den Jägerzaun hinweg unterhielten.

Während die *stugor* ein Erfolgsmodell waren, geriet deren eigentlicher Zweck, abgesehen von ein paar unverbesserlichen Gartenliebhabern, in Vergessenheit. Erst die Desillusionierung durch die Überflussgesellschaft und die Entstehung der Ökobewegung ab den 1970er-Jahren brachte neuen Schwung in die verödeten Gärten. Der typische *koloni*-Besitzer von heute ist weiblich und zwischen 50 und 60 Jahre alt. Aber eine neue Generation, zu der auch Eija gehört, weiß die Vorteile gesunder Ernährung zu schätzen und entdeckt die hübschen Holzhütten samt Nutzgarten neu.

Eijas Häuschen ist 35 Quadratmeter groß, gestrichen in traditionellen schwedischen Farben, mit weißen Fensterrahmen und einer reizenden Veranda. Gartenmöbel, Accessoires und Grill verraten, dass sich das Leben überwiegend draußen abspielt. Hier trifft man sich gerne zum gemeinsamen Essen und zum Plausch mit den anderen Gärtnern und Gästen. Obst, Gemüse, Kräuter und Blumen zieht man mehr aus Spaß an der Freude. Leben muss niemand mehr von dem, was hier wächst.

Eija ist Konditorin und holt die Zutaten für ihre leckeren Torten und Kuchen am liebsten aus dem eigenen Garten. Die Henne ihrer Nachbarin fühlt sich hier sichtlich wohl.

Zu jeder Parzelle gehört ein Sommerhäuschen, in dem man auch kochen oder übernachten kann, oder wenigstens ein Geräteschuppen.

In Eijas Garten wachsen Birnen am Spalier, Erdbeeren in Hochbeeten, die von Brettern aus Weidenholz eingefasst sind, und Tomaten in Töpfen. Als gelernte Konditorin kultiviert sie zahlreiche Kräuter in Pflanzbehältern und dekoriert ihre Speisen mit Rosmarin, Thymian und Salbei. Bei ihrer Nachbarin, einer Rentnerin, wachsen Kartoffeln in Kübeln, Erbsen, Bohnen und Zwiebeln in quadratischen Holzbeeten; dazwischen laufen Küken frei herum. Wie anderswo auch haben neue Nachbarn – in diesem Fall aus der Türkei – die Palette der Gemüsesorten, die in den Gärten wachsen, erweitert.

Die Gartenkolonien werden von Eigentümergemeinschaften verwaltet, die Vorschriften machen und deren Einhaltung überwachen. Hier sind die Kompostieranlagen nur an bestimmten Tagen zugänglich; manche Eigner haben bereits Spülbecken und Humustoiletten installiert.

Im schwedischen Klima dauert die Anbauzeit nur kurz, besonders im Norden des Landes. Die Aussaat ist vor Ende Mai nicht ratsam, weil bis dahin Schnee fallen kann. Gewächshäuser, in denen man Pflanzen vorziehen kann, sind deshalb sehr beliebt. Die Böden sind im Allgemeinen gut und alles wächst schnell und robust heran.

PRAXISTIPP: EINE PFLANZENTREPPE BAUEN

Pflanzen auf beschränktem Raum zu verteilen ist eine Kunst. Diese Treppe nimmt nicht viel Platz weg und dennoch finden Kräuter und sogar Blattsalate genügend Platz. Mit Rest- oder recyceltem Holz kann man sie im Nu selbst bauen.

Die Breite und Tiefe der Stufen hängt von den zu verwendenden Blumenkästen ab. Wenn die Treppe genauso groß ausfallen soll wie in dieser Anleitung, benötigt man etwa vier laufende Meter kesseldruckimprägniertes Gartenholz, etwa 15 Zentimeter breit und 2,5 Zentimeter dick, für die Wangen und die Stufen, außerdem einen Meter Lattenholz für die Stufenstützen. Wenn die Treppe farbig werden soll, nimmt man unbehandeltes Holz, das grundiert und gestrichen wird, bevor man mit dem Zusammenbau beginnt. Außerdem braucht man 32 40-mm-Edelstahlschrauben.

1. Die beiden 1,2 m langen Wangen werden mithilfe eines Winkeldreiecks oben und unten im 25°-Winkel mit der Säge abgeschrägt.

2. Die Position der Stufenstützen in gleichen Abständen auf den Wangen anzeichnen, ausgehend von den obersten, die bündig mit dem Oberrand sind.

3. Die Lattenstücke bündig zum Wangenrand zuschneiden. Mit je zwei Schrauben befestigen.

4. Vier Stufen so zuschneiden, dass sie etwa 25 Millimeter breiter sind als die Blumenkästen; auf den Haltern festschrauben.

5. Treppe an eine sonnige Wand lehnen und die Blumenkästen darauf stellen. Mit Kompost auffüllen und bepflanzen.

NICHT ALLTÄGLICH

Nichts liegt so nah wie der eigene Garten, wenn man lokal erzeugte Nahrungsmittel schätzt. Aber was macht man, wenn man keinen eigenen Garten hat? Man könnte Gastronomiebetriebe unterstützen, die auf eigene Erzeugung setzen: vitamin- und mineralstoffreiches Obst, Gemüse und Kräuter, alles mit dem Ziel, den Gast gesund und nachhaltig zu ernähren.

Wer trotzdem nicht auf das persönliche gärtnerische Erlebnis verzichten möchte, sollte sich auf die Suche nach örtlichen Initiativen machen, die Gemeinschaftsgärten betreiben. Im Austausch für zeitweise ehrenamtliche Mitarbeit erhält man einen entsprechend bemessenen Anteil an der Ernte. Die gemeinsame Arbeit an der frischen Luft macht Spaß, hebt die Stimmung, ist gut für die Figur und beschert einem immer wieder kleine Erfolgserlebnisse. Jede/r Gärtner/in kann das bezeugen.

Enten sind das natürlichste Abwehrmittel gegen Schnecken – die Gärtnerin Michelle Shanahan weiß das schon lange.

GÄRTNERN DOWN UNDER

Michelle Shanahan beaufsichtigt als Gärtnerin den größten Küchengarten Australiens, der das preisgekrönte Restaurant des Royal Mail Hotel in Dunkeld zu 80 Prozent mit Lebensmitteln versorgt. Auch bei Zitrusfrüchten und Olivenöl setzt man auf lokale Quellen; 120 frei laufende Hühner legen täglich 100 Eier, Rind- und Lammfleisch liefert die eigene kleine Farm. Der Aufbau einer Bienen- und Pilzzucht ist bereits angedacht.

Michelle und Chefkoch Robin Wickens stimmen sich mithilfe eines Computerprogramms ständig ab: Es sichert die Qualität der eigenen Produktion und zeigt an, wo was wächst und wann es reif sein wird. Gemüse, Kräuter, Früchte und Blüten liegen nur 30 Minuten nach dem Pflücken bereits auf dem Teller.

Das Klima im Bundesstaat Victoria ist zwar günstig, aber Michelle überlässt trotzdem nichts dem Zufall, um die tägliche Ernte sicherzustellen. Sie setzt auf rein biologische Abwehrmaßnahmen: Kohl wächst unter Folientunneln, Kieselgur vertreibt Blattläuse und Iglus schützen vor Frost. Und dann wäre da noch ihre schnelle Eingreiftruppe, die sich aus Rocket, einem Indischen Laufenten-Männchen, und seinem kleinen Harem zusammensetzt.

Enten als Hilfsgärtner? Das ist keine Lösung für jeden Gartenbesitzer, aber wenn man genug Platz hat, sind sie nette Arbeitskollegen, und manche Rassen legen so fleißig Eier wie Hennen. Zwei Nachteile der tierischen Hilfstruppe gibt es freilich: Mit ihren großen Paddelfüßen zertrampelt sie manch zartes Pflänzchen, und darüber, wie es rund um den unerlässlichen Ententeich aussieht, schweigen wir lieber. Michelle schützt ihre Pflanzen mit Zäunen und Folien, weil sonst alles, was grün und saftig ist, von ihren Enten beknabbert und plattgemacht wird.

Die Vorteile liegen allerdings auf der Hand: Enten vertilgen zahlreiche Schädlinge; sie sind die Wunderwaffe gegen Schnecken schlechthin. Ihr Kot düngt die Gartenerde und die alte Streu von ihren Lagerplätzen lockert im Komposthaufen die verschiedenen Lagen Grünabfall auf. Mit Ausnahme von Gänsen vertragen sich Enten gut mit anderem Geflügel.

Wenn Sie auch Enten halten wollen, informieren Sie sich zunächst bei den Behörden über die rechtlichen Voraussetzungen. Das ideale Entenheim ist ein Schuppen nahe einem kleinen Teich und mit einem darüber gespannten Netz. Gewöhnen Sie die Vögel in den ersten zwei Wochen in einem geschlossenen Gehege ein. Laufenten fliegen nicht weg, aber bei anderen Rassen sollte man die Flugfedern eines Flügels bereits vom Züchter stutzen lassen.

Küchenchef Robin Wickens bevorzugt die Zutaten frisch aus dem Garten. Eine Computersoftware sagt ihm, wann genau Michelles Pflanzen reif sind.

Dank biologischer Schädlingsbekämpfung bringt das Hotel das frischeste, knackigste und schmackhafteste Gemüse auf den Teller.

Enten sind zwar sehr robust, man sollte ihnen aber für die Nacht ein Dach über dem Kopf geben; das erleichtert auch das Einsammeln der Eier. Die Vögel schlafen auf dem Boden, nicht auf Stangen wie Hühner. In einem von oben belüfteten, etwa drei Quadratmeter großen Schuppen sollten sechs bis acht Enten Platz finden. Den Boden hält man mit alten Zeitungen und darauf verteiltem Stroh trocken. Für einen Teich verwendet man kräftige Teichfolie aus Butyl; der Übergang zur Wiese wird mit einem grünen Plastiknetz geschützt. Die Entenschar sollte einen Sonnenschutz haben.

Manche Entenarten wurden gezüchtet, weil sie besonders viele Eier legen – Khaki Campbells legen täglich eines, Peking- und Indische Laufenten nur rund 200 im Jahr, sind aber dafür gute Ungeziefervertilger. Aylesbury- und Rouener Enten werden für die Speisetafel gezüchtet. Für kleinere Gärten sind Zwergenten ideal. Die Schalen von Enteneiern sind porös und daher nicht so gut lagerfähig wie Hühnereier. Man sollte sie sofort einsammeln, säubern und abtrocknen.

Enten sind Allesfresser; in einem großen, teils grasbedeckten Garten wie dem von Michelle benötigen sie nur morgens und abends Futter aus Menggetreide und Pellets, das man auf einer festen Oberfläche ausstreut oder in einem Futterspender anbietet. Ohne Wasser geht es nicht, wenn schon kein Teich zur Verfügung steht, sollten die Vögel wenigstens ihren Kopf in Wasserkübel eintauchen können. Sie lieben Fallobst, besonders, wenn es bereits zu gären beginnt.

Wenn der Anbau erfolgreich sein soll, muss man seinen Garten gut planen.

BLÜTENPOWER

Vor rund zwölf Jahren zogen Jan und Stuart Billington mit ihrer Familie aus London weg und auf eine zwei Hektar kleine Farm in Devon. Wie viele Stadteltern mit Kindern im Vorschulalter reizte sie die Vorstellung von einem gesünderen Leben und mehr Platz für den eigenen Anbau von Nahrungsmitteln. Stuarts Arbeit als Berufsphilatelist ermöglichte ihnen den Neustart auf dem Land.

Jeder Umbruch ist eine große Herausforderung. Zuerst mussten die Billingtons ein geeignetes Grundstück finden. In manchen Fällen war die Bodengüte der Angebote nicht überzeugend. Schließlich stießen sie auf ein lehmiges Grundstück, das zwar Bodenverbesserung nötig hatte, aber eine größere Bandbreite beim Anbau erlaubte. Das Paar richtete eine Scheune als Ferienwohnung ein, bepflanzte 8000 Quadratmeter mit Quitten, Mispeln und Pflaumen, um die Früchte an örtliche Restaurants verkaufen zu können, und siedelte Gänse an, um das Gras kurz zu halten. Die Vögel versorgten ihre Besitzer nicht nur mit erstklassigem eigenem Fleisch, sondern düngten auch den Boden. Leider fand Jan keinen Schlachter, der auf die Farm kam, also trennte sie sich schweren Herzens von den lautstarken Gartenwächtern und schaffte fünf Schafe an. Im angrenzenden Gehölz grunzen mittlerweile auch ein paar Schweine, dazu werden einige Hennen gehalten.

Jan gibt offen zu, dass aller Anfang schwer war. Mehr als einmal sei sie den Tränen nahe gewesen, wenn das Wetter oder die örtliche Fauna nicht mitspielten. Die Kräfte der Natur so auszubalancieren, dass die richtigen Beutegreifer sich um das Ungeziefer kümmern, ist keine leichte Aufgabe. Dennoch gelang der Anbau von Gemüse und Blütensalaten so gut, dass sich die Billingtons ganz auf essbare Blüten spezialisieren konnten, die sich am besten verkaufen. Abnehmer sind Läden und Cafés vor Ort und Internetkunden. Maddocks Farm ist der einzige Spezialist für essbare Blüten, der als Biobetrieb zertifiziert ist. 2013 erhielt Jan die Auszeichnung »Food Hero« der *Soil Association*, einer gemeinnützigen Organisation für Ernährung und biologischen Anbau.

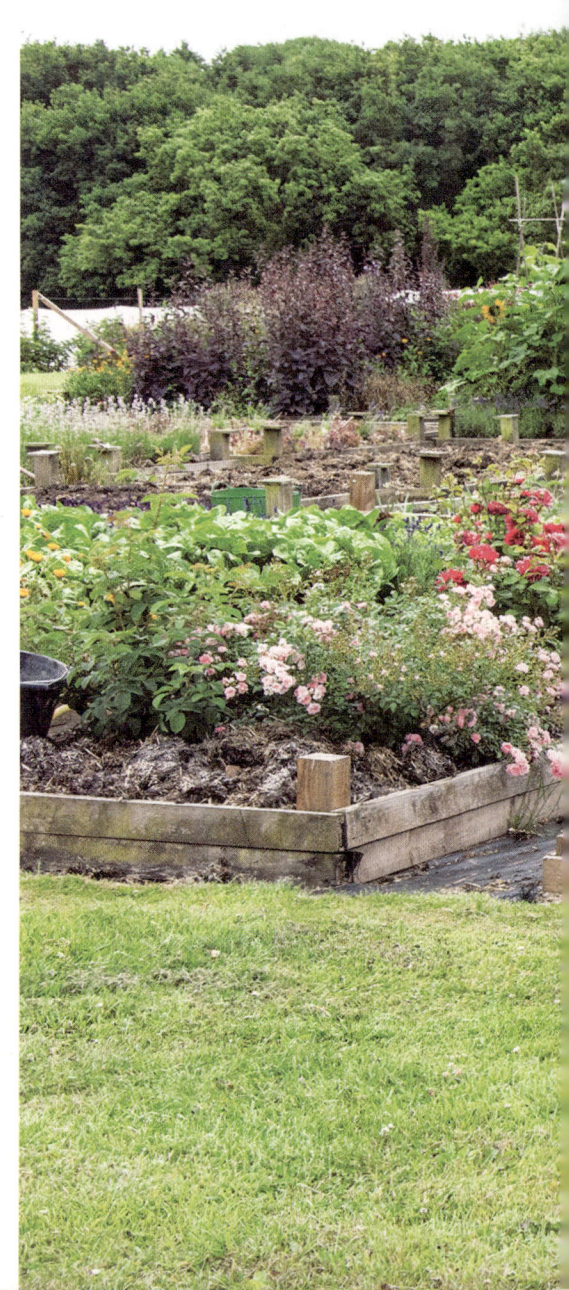

Jan steckt ihren ganzen Ehrgeiz in den biologischen Anbau. Die Käufer ihrer Produkte dürfen sicher sein, dass die Blüten im Salat nicht mit chemischen Mitteln verseucht sind. Die *Soil Association* mit ihren sachkundigen und praxiserfahrenen Helfern vor Ort war für sie bei der Umsetzung dieses Vorhabens eine große Hilfe.

Saaten werden in Modulen in einem von neun Folientunneln ausgebracht. Die jungen Pflanzen werden dann im Freiland in Reihen gesetzt. Dazwischen kommen Ringelblumen und Echte Brunnenkresse, um Insekten anzulocken. Das Ganze geschieht in No-Dig-Hochbeeten, die mit eigenem Kompost gemulcht werden. Bei diesem Verfahren wird nicht in

den Boden eingegriffen, um das komplexe System von Kleinstlebewesen darin nicht zu stören. Mehr als 200 Kilogramm Rosenblüten werden angebaut, um Rosenwasser herzustellen. Jans Blüten sind übrigens von zahlreichen gesellschaftlichen Events nicht mehr wegzudenken – allein 3500 davon zierten die Cocktails bei der jüngsten James-Bond-Filmpremiere.

Blüten beurteilt man seit jeher nach ihrer Farbe, ihrer Form und ihrem Duft; dass sie auch einen Geschmack haben, ist eine neuere Erkenntnis. »Blüten sollten als eigenständige Zutat anerkannt werden«, findet Jan. Für eine Zitrusnote empfiehlt sie Sauerklee, Tagetes und Begonien; Senf, wilde Rucola und Kapuzinerkresse geben scharfen Biss; Schnittlauch und wilder Knoblauch sorgen für die Lauchnote, Tulpen und Gladiolen für Biss; Dahlien und Löwenmäulchen schmecken nach Chicorée; Nelkenblüten erinnern an Gewürznelken und Ringelblumen an Muskatnuss. Die Blüten der Gartenkräuter schmecken wie ihre Blätter und verschönern jede Zutatenliste.

*In einem Folientunnel wächst Gemüse
geschützt vor Schädlingen, Krankheiten
und den Unbilden des Wetters.*

49

PRAXISTIPP:
KNOBLAUCHSPRAY HERSTELLEN

Meine Topflilien wurden in der Vergangenheit oft von Lilienkäfern befallen, einem schönen knallroten Insekt, dessen Larven die Blätter und Knospen abfressen. Letztes Jahr besprühte ich meine Lilien erstmals mit einer Spritzbrühe aus Knoblauch, und sie gediehen prächtig. Gottlob dufteten die Blüten kräftig genug, um das Aroma zu überdecken.

Man wiederholt die Behandlung jeden Abend und spart dabei die Blüten aus. Vermeiden Sie unbedingt, etwas von dem Sprühnebel ins Gesicht und vor allem in die Augen zu bekommen. Man sollte die Brühe kindersicher aufbewahren.

Manche Gärtner empfehlen Knoblauchbrühe gegen Läuse, andere empfehlen die Beimischung von ein paar Tropfen Chiliöl oder etwas Flüssigseife. Chiliöl äußerst vorsichtig einsetzen, es kann Reizungen hervorrufen. Unbedingt von den Augen fernhalten!

1. Drei Knoblauchzehen im Mörser zerstoßen und in einen guten halben Liter Wasser füllen.

2. Gut durchschütteln und zwei Tage ziehen lassen.

3. Eine Pumpsprühflasche gründlich reinigen.

4. Die Knoblauchbrühe in die Flasche seihen, fest mit dem Sprühkopf verschließen und im Kühlschrank aufbewahren.

KRÄUTERKRÄFTE FÜR EIN GESUNDES LEBEN

Mockingbird Meadows ist ein Zufluchtsort für bestandsgefährdete Heilpflanzen, aber auch für die Bienenvölker der Gegend, und eine Oase für Menschen, die lernen wollen, welche Heilkräfte Kräuter besitzen. Hier in Ohio lebt eine kleine Familie von den Erträgen eines Gehöfts mit gerade einmal 1,4 Hektar Fläche, das von der Organisation *United Plant Savers* zum botanischen Schutzgebiet erklärt wurde. Die Produktpalette der Farm konzentriert sich auf Kräuter und Honig; sie steht Besuchern offen, die in Workshops im wahrsten Sinn des Wortes erleben können, was sie essen.

Die stolzen Besitzer der Farm sind Carson und Dawn Combs; er ist Landwirt mit biologisch-dynamischem Ansatz, sie ist Kräuterheilkundige und Ethnobotanikerin. Als sie mit der Bienenzucht begannen, nistete ein Spottdrossel-Paar im Baum über dem ersten Bienenstock – ein gutes Omen für die Bemühungen der Combs und Namensgeber der Farm. Mittlerweile sind Carson und Dawn zertifizierte Bienenhalter, die besonderen Wert auf die Gesundheit ihrer fleißigen Insekten legen. Diese werden niemals mit Zuckerwasser oder Maissirup gefüttert, sondern nur mit Honig – wie es sich gehört.

Speziell auf die Bedürfnisse der Bienen abgestimmte Kräutermischkulturen wachsen in der Nähe der Stöcke, die so wenig wie möglich gestört werden. Honig wird nur einmal im Jahr geerntet. Die Bienenstöcke werden nicht mit importierten, sondern nur mit natürlich vorkommenden Schwärmen bevölkert.

Der mittlerweile landesweit bekannte Honig wird nur einmal im Jahr geerntet.

Speziell auf die Bedürfnisse der Bienen abgestimmte Kräutermischkulturen wachsen in der Nähe der Stöcke.

Das Ehepaar Combs glaubt an die antiallergische Wirkung des Honigs, der zusammen mit Kräutern auch zu Salben verarbeitet wird, etwa gegen Schlaflosigkeit (mit Hopfen, Passionsblume und Helmkräutern), zur Beruhigung und Entspannung (Katzenminze, Zitronenmelisse, Kalifornischer Mohn) und gegen Magenbeschwerden (Wilder Yams, Ingwer, Spirulina, Pfefferminze und Zitronenmelisse).

Wer kennt nicht die Aromen, mit denen Küchenkräuter unsere Speisen veredeln? Was wäre unsere Küche ohne das mediterrane Bouquet von Rosmarin, Salbei, Thymian oder Lorbeer? Der Nutzen, den man aus Kräutern ziehen kann, ist umfassend: Sie sehen gut aus, sie sind für Bestäuber enorm nützlich, sie besitzen umfassende Heilkräfte, sind unverzichtbar in der Küche, im Garten und in der Kosmetik.

Dawn interessiert sich vor allem für die heilende Wirkung von Kräutern. Direkt vor der eigenen Haustüre erntet sie Hopfen (wirkt beruhigend, entspannend, antibakteriell), Weißdorn (durchblutungsfördernd), Zitronenmelisse (hilfreich bei Ruhe- und Schlaflosigkeit) und Goldrute (gut gegen Entzündungen). Sie ist selbst immer wieder überrascht, welche Fülle die Natur in ihren Hecken hervorbringt: Blüten und Beeren, Nüsse und Samen, Stängel und Wurzeln, Obst und Blätter.

Zahlreiche Auszeichnungen (2013 »Homesteader of the Year«, mehrfach beim Slow Food Festival für ihren Honig) belegen, dass das Ehepaar Combs mit seiner Arbeit richtig liegt. »Es macht einfach Freude, über das eigene Grundstück zu spazieren, das alles gibt, was meine Familie braucht«, strahlt Dawn. Ihre zwei kleinen Söhne wachsen auf einem riesigen Spielplatz auf. Mit einem Teich, drei Scheunen und einem Gewächshaus, Milchvieh und reichlich Auslauf für Geflügel versorgt sich der Bauernhof weitgehend alleine.

Dawn schreibt Bücher über heilkräftige Kräuter; die Blogs, Videos und Newsletter auf ihrer Website heallocal.com sind äußerst informativ. Sich auf heimische Kräuter als natürliche Medizin zu verlassen, nur auf frische Lebensmittel zu setzen und Pflanzen im eigenen Gärtchen neu wahrzunehmen, macht ihr überzeugendes Ethos aus und gibt zahlreiche Denkanstöße.

Dawn und Carson glauben fest an die hippokratische Maxime »Deine Nahrung sei deine Medizin – und deine Medizin sei deine Nahrung«. Für sie ist ein gesunder Boden die Quelle des Lebens; von gesunden Pflanzen profitieren ihrer Überzeugung nach auch Tiere und Insekten, die sich davon ernähren – und sie sehen sich selbst weniger als Nutznießer denn als Wohltäter in diesem durchdachten bäuerlichen Ökosystem.

Wer sich mit Freunden und Nachbarn zusammentut, um Obst anzubauen und zu ernten, hat am Ende des Jahres Grund zum Feiern.

OBSTGÄRTEN FÜR JEDERMANN

Wenn es in Ihrem Garten nur Platz für einen Baum gibt, dann pflanzen Sie einen Obstbaum. Seine Blütenpracht zieht im Frühjahr Bienen an und im Herbst teilt man die Früchte mit den Vögeln. Selbst auf winzige Flächen passt ein Zwergpflaumen-bäumchen im Topf; an einer Wand reift Spalierobst, das auch als Zaun zum Grund-stücksnachbarn dienen könnte, wenn man nicht eine Hecke als natürliche Abtrennung bevorzugt – mit Zwetschgen, Pflaumen oder Holzäpfeln.

Es ist noch nicht so lange her, dass Obstanbau allgemein verbreitet war. Kaum ein Bauernhof oder großer Garten kam ohne Frucht tragende Bäume aus, um die sich Hecken mit Beerenbüschen gruppierten. Kinder kannten Früchte nicht nur aus dem Supermarkt, und Erwachsene priesen gegenüber ihren Gästen die Vorzüge des selbst angesetzten Obst- und Beerenweins. Obst lässt sich leichter anbauen als Gemüse, es schmeckt gut und sieht schön aus – wenn Sie also keinen Platz haben, um welches anzubauen, warum beteiligen Sie sich dann nicht an einer Genossenschaft?

Wo Sie auch leben – etwas geht in puncto Anbau und Ernte immer. In Großbritannien arbeiten gemeinnützige Organisationen wie *The Urban Orchard Project* und *Common Ground* mit Gemeinden zusammen, um Obstgärten in der Stadt anzulegen oder wie-derzubeleben. Ihr Ziel ist es, den Menschen von heute wieder einen unmittelbareren Zugang zu heimischen Früchten zu vermitteln; sie streben nach eigener Aussage »üppige Städte im ganzen Land« an, die »von Obst- und Nussbäumen durchzogen« sind.

Grundschüler lernen, wo ihre Nahrung herkommt und was es bedeutet, sie selbst anzubauen.

Beide Gruppierungen benötigen mehr freiwillige Helfer – je mehr Menschen mitmachen, desto einfacher wird es, sich um die Bäume zu kümmern. In den ersten drei Jahren ihres Lebens brauchen Obstbäume die meiste Aufmerksamkeit. Das Einpflanzen mit offener Wurzel findet am besten in der winterlichen Ruhezeit statt – aber körperliche Arbeit an einem kalten Tag wärmt bekanntlich. Damit die Arbeit auch von Erfolg gekrönt ist, halten Sie sich an folgende Faustregeln:

• Mit dem Spaten ein Feld von etwa einem Quadratmeter im Boden markieren.
• Etwa fünf Zentimeter tief stechen und die Grasnarbe entfernen.
• Etwa so tief abgraben, wie das Spatenblatt hoch ist. Den Untergrund mit einer Grabegabel aufbrechen. Die Grube muss groß genug sein, um den Wurzelballen aufzunehmen.
• Wurzeln anschneiden, etwas Kompost in die Grube geben. Während jemand das Bäumchen festhält, die ausgehobene Erde in die Grube zurückschaufeln.
• Die Veredelungsstelle am Wurzelhals sollte das Bodenniveau um etwa zehn Zentimeter überragen. Die Erde gut festdrücken.
• Mit einer zehn Zentimeter hohen Kompostlage mulchen, das Stämmchen dabei freilassen.
• Einen Baumschutz aufstellen und eine Mulchmatte um den Stamm auslegen, um den Bewuchs mit Unkraut zu verhindern.

Allein in Großbritannien sind in den letzten 50 Jahren mehr als 60 Prozent der traditionellen Obstgärten verschwunden. Damit gingen auch die Lebensräume für Flechten, Moose, Insekten und Vögel verloren, ganz zu schweigen von vielen Fruchtsorten. Manche Obstbauern glaubten ihre Gärten zu optimieren, indem sie pflegeleichte und Zwergbaumarten anpflanzten. Nur in einigen Fällen gelang es Genossenschaften, bedrohte Obstgärten durch Kauf zu erhalten.

Im Jahr 1972 wurde eine mehr als 22 Hektar große Apfelplantage nahe Benenden in der High Weald-Region in Kent in 320 kleine Parzellen aufgeteilt und verkauft. Planungsvorschriften verhinderten letztendlich die Bebauung, aber die Bäume wurden vernachlässigt und die Plantage verkam – ein Schandfleck in dieser einmaligen Landschaft. Erst 1990 taten sich mehrere Interessenten aus der Gegend zusammen, um das Land neu zu bepflanzen, Bäume zu veredeln und den Obstanbau zu erlernen. Dabei bekamen sie Unterstützung von gemeinnützigen Organisationen wie *Natural England* und der *Soil Association*.

Mit den Ernten und den Treffen wächst nicht nur der Gemeinschaftssinn – Feste sind eine gute Gelegenheit, um Unterstützer und Spenden zu sammeln.

Die geernteten Äpfel werden nicht nur zu Saft, sondern auch zu köstlichem Apfelwein verarbeitet.

Nach dem Überwinden der Anlaufschwierigkeiten verwandelte sich die Plantage unter anderem durch die Gründung einer Stiftung in ein wahres Schmuckstück, von dem das ganze Dorf profitiert. Die Wiesen sind mittlerweile an Schafhalter verpachtet, um das Gras zwischen den Bäumen kurz zu halten. Saisonarbeiter helfen dabei, die rund 1000 Bäume abzuernten. Dem rührigen Komitee der Dorfbewohner (darunter ein Journalist, ein Softwaredesigner, ein Bauunternehmer, ein Bauer und ein Spätstudierender) gelingt es mithilfe von Freunden und Familien, immer mehr Unterstützer zu finden und sie auch zur Mitarbeit zu animieren.

»Der Garten hält Tage der offenen Tür mit Musikeinlagen und Grillfest ab, die im Dorfblatt angekündigt werden«, erklärt Komiteemitglied Kent Barker. »Wir laden zum Pflücken, Apfelessen und Entsaften in der Obstpresse der Gemeinde ein – daraus entsteht unter anderem unser beliebter Apfelwein. Die Leute sollen ihre eigenen Flaschen und kleine Leitern mitbringen.«

Das Zurückschneiden von gewöhnlichen alten Obstbäumen ist eine Kunst für sich, die Übung mit der Kettensäge und gute Planung erfordert. Einige Grundregeln gilt es zu beachten:

- Kernobst schneidet man im Winter, Steinobst im Sommer zurück.
- Sauberes, scharfes Werkzeug verwenden.
- Gelegentlich Abstand nehmen und die eigene Arbeit begutachten.
- Niemals mehr als ein Viertel des Holzes in einem Jahr entfernen.
- Stümpfe verrotten, deshalb am Ansatz oder bis zu einem Seitentrieb zurückschneiden.
- Immer alles tote, verletzte oder kranke Holz ausschneiden.
- So schneiden, dass der Baum luftiger wird und mehr Früchte trägt.

Dank einiger Zuschüsse konnten neue Bäume, Werkzeuge und ein Traktor angeschafft werden. Besucher wandeln jetzt auf gepflegten Wegen, wenn sie die Bäume bewundern. Schulen haben Baumpatenschaften übernommen und bauen die Plantage in ihr Ausflugsprogramm ein. Eine Waldung wurde als Naturreservat abgetrennt, in dem Brombeergestrüpp nistende Vögel beschützt, während Bussarde am Himmel darüber kreisen.

Monatlich wechselnde Veranstaltungen wecken Interesse bei neuen Interessenten, die auf behutsame Weise an die Arbeit herangeführt werden. Jeder Gemeinschaftsgarten hat seine eigenen Methoden. Bei solchen Projekten wäre es zu viel verlangt, Vorkenntnisse zu erwarten oder gar zu fordern. Niemand muss außerdem schwere körperliche Arbeit leisten, wenn er es nicht kann oder will – auch andere Fähigkeiten werden geschätzt und gebraucht.

PRAXISTIPP:
FRUCHTLEDER MACHEN

Kinder lieben Fruchtleder – es schmeckt nach mehr und ist einfach herzustellen. Am besten verwendet man Früchte mit hohem Pektingehalt: Äpfel, Pflaumen, Johannis- und Stachelbeeren eignen sich besonders. Man kann Haferflocken oder gemahlene Mandeln hinzufügen, um dem Fruchtleder mehr Substanz zu verleihen, und es mit Zucker, Sirup oder Honig süßen. Zimt oder Vanille runden das Aroma ab.

Nach der Trocknung im Ofen ist das Fruchtleder fertig, wenn man eine Ecke gut von der Folie anheben kann. In Streifen geschnitten oder in Formen gestochen, hält es sich aufgerollt in Backpapier in einem luftdichten Glasbehälter an einem dunklen kühlen Ort bis zu sechs Wochen lang. (Auf Schimmelbildung kontrollieren!) Meistens dauert es aber nicht so lange, bis alles weg ist.

1. 800 Gramm Johannisbeeren waschen, abstreifen und putzen, in einem Topf mit 100 Millilitern Wasser übergießen.

2. Auf kleiner Flamme köcheln lassen, gelegentlich umrühren. Nach Geschmack süßen.

3. Durch ein Sieb drücken und die Schalen entfernen.

4. In eine mit feuerfester Folie ausgelegte Form gießen und im Ofen bei 60 °C vier bis sechs Stunden lang trocknen.

Sara Ward hat erfolgreich eine kleine ländliche Oase in der großen Stadt erschaffen.

NUTZTIERHALTUNG FÜR ANFÄNGER

Wie holt man das Landleben in die große Stadt? Seit Sara Ward und ihr Mann Andy in das kleine Reihenhaus im Großraum London gezogen sind, ist es ihnen gelungen, eine ländliche Oase zu erschaffen. Hier entstand ein Obstgarten mit kleinem Hühnerhof, Gemüsebeet und Bienenstöcken. Das Paar genießt nicht nur ausgiebig sein ländliches Idyll, es gibt sein Wissen auch eifrig weiter, veranstaltet Kurse und engagiert sich in Gemeinschaftsprojekten.

Bei Sara lernt man das Halten von Hühnern, die Herstellung von Apfelwein, den Anbau von eigenen Lebensmitteln oder erlangt die höheren Weihen des Kochens. Die Teilnehmerzahl der Kurse bleibt übersichtlich, die Kurse finden in Saras Haus und Garten statt und gehen gewöhnlich mit Verkostungen eigener Produkte einher. Das gibt Anreize, es auch einmal selbst zu versuchen.

Sara ist sich bewusst, dass man schon in der Kindheit die Weichen für das spätere Leben stellt. Als Vizevorsitzende des Elternbeirats einer Grundschule blickt sie auf viele Jahre im Ehrenamt zurück und besitzt Erfahrung in der Arbeit mit Kindern. Sie besucht gerne Schulen, nimmt an Projekten teil, die am Beispiel von Hühnern, Bienen und Pflanzen den natürlichen Zyklus vermitteln. Die Lehrer sind froh über den frischen Wind in den Schulzimmern, der die Lehrpläne zum Leben erweckt.

Kinder sehen bei Besuchen in dem ertragreichen Garten, wo Eier und Honig herkommen, und freuen sich über die Begegnung mit den zahmen Hühnern. Besonders aufregend ist es, wenn sie in Schutzkleidung schlüpfen dürfen, um Honig aus den Bienenstöcken zu ernten. Wenn man jetzt mit Spaß an der Sache am lebenden Objekt lernt, steht einer späteren Karriere als Kleingärtner fast nichts mehr im Wege.

Die Kinder werden nie mehr vergessen, wo ihr Essen herkommt. Sie lernen auf die denkbar schönste Weise, wie man ethisch verantwortlich einkauft und sich ernährt.

Wer Nutztiere halten möchte, sollte sich die Zeit für die Vorbereitung nehmen – einen Kurs oder ein Praktikum auf einem Bauernhof mitmachen und Züchter besuchen. Ein gutes Buch zum Thema kann man sich leisten, um die Erfahrungen zu vertiefen, und Online-Videos und die Mitgliedschaft in entsprechenden Vereinen schaden auch nicht. Erst lernen, dann Tiere anschaffen, lautet die Devise!

Hand aufs Herz: Ist Ihr Garten oder Ihr Grundstück für Tiere groß genug? Können Sie sich um sie kümmern und ihnen ein gutes Leben garantieren? Wir tragen die Verantwortung für ihr Wohlergehen, und Tiere haben eigene Rechte, die im Gesetz stehen:

Auf spielerische Weise lernt man am besten und schnellsten.

- Eine geeignete Umgebung – Tiere benötigen ausreichend Platz und eine angemessene Unterbringung, die artgerecht sein und teilweise amtlich genehmigt werden muss, bis hin zur richtigen Umzäunung des Geheges.
- Das richtige Futter – informieren Sie sich über Ernährungsgewohnheiten und darüber, wo und wie Sie den Bedarf decken können.
- Das Ausleben des arttypischen Verhaltens – auch Tiere haben einen Alltag.
- Halten Sie Ihre Tiere nicht wild durcheinander oder alleine – die meisten Arten sind ans Gruppenleben gewöhnt.

- Schutz vor Krankheit, Schmerz und Leiden. Achten Sie darauf, dass sich ein zuverlässiger Tierarzt in der Nähe befindet. Fügen Sie Ihren Tieren beim Schlachten kein Leid zu, das wäre ein Verstoß gegen bestehende Tierschutzgesetze.
- Für einen kleinen Garten legen Sie sich am besten ein paar Zwerghühner zu und gönnen ihnen wenigstens ein paar Stunden Auslauf am Tag. Laufenten kommen auch ohne Teich zurecht, Zwergziegen und -schweine kommen der Haltung ihrer großen Artgenossen bereits recht nahe.
- So oder so: Das Wohl der Tiere geht immer vor, und beide Seiten leben glücklich, wenn man sich um seine Schutzbefohlenen gut kümmert.

REICHE ERNTE

Die Arbeit des Gärtners wird vom Wechsel der Jahreszeiten vorgegeben. Mit kluger Planung und schönem Wetter fährt man eine reiche Ernte ein – die arbeitsintesivste Zeit des Jahres, die für alle Mühen großzügig entlohnt.

Die Schweden Liljan und Roland Bengtsson-Johansson müssen ihre qualitativ erstklassigen Kartoffeln pünktlich vor dem Mittsommerfest eingebracht haben; der Winzer Will Davenport wiederum kann den Erfolg seiner Arbeit erst ermessen, wenn er den neuen Jahrgang probiert. Was man auch anbaut – die Erntezeit ist eine Zeit der Fülle und des gemeinsamen Feierns.

Wir zum Beispiel essen gerne unter freiem Himmel, was wir selbst angebaut haben; unser Garten ist auch unser liebstes Speisezimmer. Gemeinschaftsgärtner kochen zusammen Marmelade, und Frances Avery macht die Erzeugnisse ihres kleinen Hofs in mühevoller Arbeit für den Winter haltbar. Die Erntezeit ist die schönste und arbeitsreichste Jahreszeit für uns Kleingärtner. Machen Sie das Beste daraus!

Sobald sich die Erde im Frühling genügend erwärmt hat, setzen diese schwedischen Landwirte ihre Kartoffeln.

SCHWEDENGLÜCK

In vielen Fällen entscheidet eine Kombination von Faktoren über den erfolgreichen Anbau: Lage, Bodenbeschaffenheit und Klima bestimmen, was angebaut wird. Liljan und Roland Bengtsson-Johansson haben den Hof ihrer Familie geerbt, der an einem Südhang nahe einem Meeresarm des Kattegats bei Varberg im südwestlichen Schweden liegt. Die Region ist berühmt für ihre Kartoffeln. Das Paar ist jetzt hoch in den Siebzigern und konzentriert sich auf den Anbau von hochwertigen Kartoffeln, die vor dem Mittsommerfest geerntet werden und, mit Dill gekocht, als nationale Spezialität jede Festtafel zieren.

Ein Großteil des zwölf Hektar umfassenden Grunds ist jetzt an einen Nachbarn verpachtet, der Vieh züchtet. Schon vor Generationen erkannte die Familie, dass der lockere und sandige Boden sich ideal für den Kartoffelanbau eignet. Wenn im Frühling der Schnee schmilzt, keimen und pflanzen Liljan und Roland die frühesten Sorten 'Rocket' und 'Swift' und decken sie mit Folie ab. Sobald die Knollen wachsen, häufeln die beiden Erde an, damit die Kartoffeln pünktlich zur Sonnenwende geerntet werden können.

Spätere Sorten werden gesetzt, wenn sich der Boden ausreichend erwärmt hat. Roland zieht die Furchen mit dem Pflug hinter seinem liebevoll restaurierten Oldtimer-Traktor, Liljan setzt sorgfältig die Kartoffeln. Sie streut ein wenig Dünger dazu, bevor sie sie mit Erde bedeckt. Man merkt, dass beide ihre Arbeit lieben und durch und durch kennen. Jährlich werden 600 Kilogramm neue Saatkartoffeln gesetzt, wobei die Felder nicht im Wechsel bewirtschaftet werden. Möglicherweise tötet die Winterkälte Krankheitserreger und Ungeziefer ab – in den meisten anderen Klimagebieten wäre es nötig, Felder im Wechsel ruhen zu lassen und die chemische Keule zu schwingen.

Die Bengtsson-Johanssons verkaufen ihre Ware direkt ab Hof, dazu Hühnereier und eine beeindruckende Vielfalt an Gemüsen: Karotten, Rote Bete, Zwiebeln, verschiedene Sorten Bohnen und Zucchini, die im Gewächshaus reifen. Aus dem kleinen Obstgarten kommen Pflaumen, Äpfel und Birnen.

Liljan und Roland führen ein komfortables Leben, wie es seit Generationen üblich ist. Zu ihrem Hof gehört auch ein kleiner Wald, der das Scheitholz zum Heizen des Boilers liefert. Die Holzstapel vor dem Haus sind ein typischer Anblick im ländlichen Schweden. Eine kleine Herde gehörnter Schafe und Milchziegen bewohnt eine liebevoll hergerichtete Scheune und wird mit selbst geschnittenem Wiesenheu gefüttert.

Vom Hofverkauf profitieren beide Seiten –
die Käufer kennen den Ursprung der Ware,
der Anbieter bekommt wertvolle Rückmeldungen
zu seinen Produkten.

Liljan ist sehr stolz auf ihre Ziegen. Ihrer Meinung nach eignen sie sich ideal für kleine bäuerliche Betriebe, weil sie nicht nur Milch geben, sondern auch Fleisch, Wolle und Dung liefern. Ihre Ziegen kommen gut mit dem trockenen und kalten Klima zurecht; sie verbringen den Winter in der Scheune und brauchen im Sommer Schutz vor Sonne und Regen. Sie sind Herdentiere, weswegen man immer mehrere Tiere halten sollte. Ziegen grasen eher nicht, sondern suchen sich aus der Vegetation heraus, was ihnen gefällt, deshalb sollte das Weideland frei von giftigen Pflanzen sein. Sie vertragen sich gut mit Schafen, sind aber gewitzter und abenteuerlustiger als ihre Verwandten; der Halter sollte daher auf eine stabile Einzäunung der Weide achten.

Als Milchtiere eignen sich Saanen- und Toggenburger Ziege, die einen guten Ertrag versprechen und lange Milch bilden, die zudem einen hohen Butterfettgehalt hat. Daraus kann man auch Joghurt und Käse machen. Damit der Milchstrom anhält, lässt man die Geißen einmal jährlich im Herbst begatten, sobald sie acht Monate alt sind. Wenn sie trächtig sind, unterbricht man das Melken, bis das Junge eine Woche alt ist. Überzählige Jungböcke eignen sich für die spätere Schlachtung. Bevor man sich in die Ziegenhaltung stürzt, sollte man sich allerdings in Kursen gründlich über Haltung und Zucht informieren.

Den Tieren gibt man Heu und Kraftfutter, Letzteres verstärkt, wenn sie trächtig sind oder säugen. Regelmäßige Klauenpflege alle sechs bis acht Wochen ist unerlässlich, ebenso wie die Kontrolle auf Parasiten. All dies dokumentiert man schriftlich, ebenso wie auftretende Krankheiten. Machen Sie sich mit den geltenden Vorschriften vertraut und bedenken Sie, dass eine Kennzeichnungspflicht für jedes einzelne Tier besteht.

FAMILIENFREUDE

Als ich mein 4000 Quadratmeter großes Grundstück in Suffolk aufgab und an die Küste nach Kent zog, wollte ich einen Garten haben, der familientauglich war: für meine Söhne Jacques und Max, ihre Frauen Saskia und Helen und die Enkel Ludo und Etienne. Also teilte ich meine etwa 700 Quadratmeter große neue Parzelle in drei Teile: einen Wildgarten, in der Mitte einen kleinen Obstgarten und direkt beim Haus eine Freiluftküche mit Tischen und Bänken.

Weil Kent bekanntlich die englische Gartenlandschaft schlechthin ist, bepflanzte ich meinen Obstgarten mit Kirschen, Äpfeln und Birnen, Aprikosen und Reineclauden, Quitten, Zwetschgen und Kakifrucht. Das ganze Areal war vorher eine Plantage, die sich bis zum Meer erstreckte. Der Anbau von Obst schenkt viel Freude, es ist schmackhaft, und der Garten ist so nützlich für wild lebende Tiere, wie er für ein paar scharrende Hennen gemütlich ist.

Orpingtons sind zutrauliche Zwerghühner; meine drei leben in einem Hühnerhaus, das Jacques gebaut hat, mit einem großen, fuchssicher eingezäunten Auslauf. Sie dürfen nur in den Garten, wenn ich dabei bin, weil auch Stadtfüchse hier ihr Revier haben. Als Abkömmlinge asiatischer Dschungelvögel brauchen diese zahmen Hühner ein schattiges Zuhause. Sie laufen gerne geschäftig im hohen Gras herum, um Samen oder Insekten aufzupicken. Nur kurzes Gras ist eiweißreich, deshalb mähe ich Schneisen in die Wiesen, die auch als Wege dienen. Um die Verwertung von Fallobst muss ich mir dank der Orpingtons keine Gedanken machen; sie schätzen besonders die Kerne und fressen auch abgefallene Blütenblätter.

Die Hühner bekommen jeden Morgen eine Schaufel voll Pellets und eine weitere mit Menggetreide am Abend. Für frisches Wasser im Auslauf ist gesorgt. Die Nistboxen sind gemütlich mit getrocknetem Moos aus dem Rasen ausgepolstert, das Hühnerhaus ist zwecks leichter Reinigung mit alten Zeitungen ausgelegt, und das eigens angelegte Staubbad unter dem Haus wird mit Asche aus dem Holzofen aufgefüllt. Meine Hühner haben es gut!

Bei meiner ganzen Familie fallen die Geburtstage in den Herbst – meistens feiern wir im Garten.

Hühner hält man aus verschiedenen Gründen. Manche Besitzer wollen möglichst viele Eier einsammeln; andere, wie Sheila Hume (siehe S. 112–115) wählen bestimmte Rassen wegen der Farbe der Eierschalen oder schenken Hennen aus Legebatterien einen schönen Lebensabend. Ich halte Gartenhühner, weil es mir Spaß macht, weil sie reizend sind und sich wunderbar einfügen. Hennen, die viel legen, fressen auch viel, und das kann einem Garten ziemlich schaden. Zu den gartentauglichen Rassen gehören Brahmas, Seiden- und Pekinghühner, belgische Bantams und Orpingtons. Es lohnt sich, diese reinrassigen Arten für die Nachwelt zu erhalten; ihre besonderen Eigenschaften sind auch in bestimmte Hybridrassen eingeflossen.

Durch eine Spalierapfelhecke ist vom Obstgarten ein kleiner Kräuter- und Gemüsegarten abgetrennt, in dem ich nach saisonalen Gesichtspunkten anbaue. Mit einer hölzernen Saftpresse gewinne ich Saft und Fruchtmark zum Einfrieren und außerdem koche ich Marmeladen und Gelees ein. Mit meinen Enkeln ernte ich im April Rhabarber, dann Stachelbeeren, Walderdbeeren sowie Johannis- und Jostabeeren (eine Kreuzung aus Johannis- und Stachelbeeren). Bald folgen Kirschen, Zwetschgen, Reineclauden und Aprikosen, Äpfel, Birnen und Passionsfrüchte; zuletzt werden im November Kakifrüchte geerntet.

Unsere Freiküche besitzt zwei fest installierte Tische sowie mehrere Bänke und Klappstühle. Kissen, Tischtücher und Dekorationen aus Kräutern und Blüten machen die robusten Gartenmöbel einladend und gemütlich. Selbst im finstersten November haben wir am Lagerfeuer, beleuchtet von Sturmlaternen und Wunderkerzen, Besucher empfangen, Geburts- und Feiertage begangen und bei Familientreffen unserer Verstorbenen gedacht.

Essen besitzt ein ganz besonderes Aroma, wenn es unter freiem Himmel auf einem Holzofen, in einer Feuerschale oder über einer offenen Feuerstelle zubereitet wurde.

Ein kleiner Pizzaofen aus Terrakotta zum langsamen Garen steht auf einer Arbeitsfläche; wenn er einmal eingeheizt wurde, können wir darin den ganzen Tag über backen. Gegrillt wird in einer großen Feuerschale aus Metall. Sie wärmt uns außerdem an kühlen Abenden. In meinem ehemaligen Garten brannte in einer offenen Feuerstelle oft ein Lagerfeuer; in der Asche nahmen meine Hühner am liebsten ihr Staubbad.

Alles schmeckt besser, wenn es unter freiem Himmel gekocht wird, ob auf einem Dreibein über dem Lagerfeuer, auf einem offenen Holz- oder auf einem Raketenofen (bei dem ein paar Zweige zum Kochen eines Gerichts genügen). In den meisten größeren Gärten gibt es genug Kleinholz, das man allerdings sammeln und trocken aufbewahren muss. Ich mag die verschiedenen Aromen, die das Zubereiten über Holz den Speisen gibt: Lachs, den man über Erlenholz gegrillt hat; Geflügel, das den milden Geschmack von Apfel- oder Kirschholz angenommen hat; auch die Kombination von Schinken mit Ahorn und Eiche mit Rind hat viel für sich. Meiden Sie Pinienholz und verwenden Sie auf keinen Fall behandeltes oder kesseldruckimprägniertes Abfallholz. Fortgeschrittene setzen auf einen Holzkohlen-Smoker, der ein ganz neues Aromenspektrum eröffnet.

Manchmal nehme ich auch ein einfaches Gericht mit nach draußen, das ich in der Küche im Haus zubereitet habe – ein Omelette aus den Eiern meiner Hühner oder ein Salat mit Zutaten aus dem Gemüsebeet. Es ist ein tolles Gefühl, zu pflücken, zu kochen und zu essen, was nur ein paar Meter vom Tisch entfernt wächst. Mein Garten ist pflegeleicht und gastfreundlich; er steht im Einklang mit dem Tierreich, ist die Heimat meiner Hennen, wirft schöne Erträge ab und bereitet meiner ganzen Familie Freude.

Meine Enkel helfen mir beim Ernten,
vom Rhabarber im Frühjahr bis zu den
spätesten Apfelsorten.

PRAXISTIPP:
EINE FEUERSTELLE ANLEGEN

Eine Feuerstelle ist die einfachste Methode, um Essen im Garten zuzubereiten und an kühlen Tagen etwas Wärme zu spenden. Der Abstand zu Bäumen, Fenstern oder Gebäuden muss mindestens fünf Meter betragen. Bevor Sie den Spaten ansetzen, machen Sie sich noch mit den örtlichen Vorschriften vertraut. Zur Vermeidung von Streitigkeiten raten wir außerdem dazu, sich mit den Nachbarn abzusprechen – nicht jeder schätzt Grilldünste und Rauch.

Man sticht ein kreisförmiges Stück Grasnarbe aus (mit den Wurzeln nach oben auf dem Komposthaufen abgelegt, wird gute Erde daraus) und gräbt die Erde so tief ab, dass man entlang der Kante zwei oder drei Lagen alter Ziegel im Kreis legen kann. Die Lagen legt man versetzt, sodass ein Ziegel der oberen Lage die Lücke zwischen den darunterliegenden Steinen bedeckt. Wenn die Feuerstelle dauerhaft an dieser Stelle bleiben soll, kann man die Steine auch fest einzementieren.

Zum Anfeuern verwenden Sie Anmachholz, trockene Fruchtstände oder Pinienzapfen, dann fügen Sie Holzkohle oder Holzräucherchips hinzu, um das Aroma zu verbessern. Ich verwende gerne Kräuterzweige. Auf einem Grillrost aus Metall kann man Gemüse direkt aus dem eigenen Garten auf Spießen braten oder in schweren Töpfen langsam garen. Halten Sie für den Notfall immer auch Löschwasser oder einen Feuerlöscher bereit – man weiß ja nie.

1. An einem geeigneten Platz ein kreisrundes Loch anlegen.

2. Ausgraben und entlang des Randes mit Ziegeln auslegen.

3. Den Grillrost auflegen.

4. Ein Feuer mit Zweigen und Ästen anfachen, Holzkohle hinzufügen und Gemüse und Fleisch grillen oder im Topf langsam garen.

Lassen Sie sich als Garten-Volontär willkommen heißen, genießen Sie erntefrische Produkte und erweitern Sie Ihre Fertigkeiten.

IN NETTER GESELLSCHAFT

Nicht jeder hat das Glück, einen Garten sein Eigen zu nennen – vor allem in Städten sind unbebaute Flächen rar. Vielleicht gelingt es Ihnen, einen Schrebergarten anzumieten, aber die Wartelisten sind lang und nicht jeder traut es sich zu, alleine ein ganzes Grundstück in Schuss zu halten. Neulinge scheuen außerdem oft davor zurück, vor den Augen der Nachbarn mit dem Gärtnern zu beginnen.

Lokale Gemeinschaftsgärten sind eine gute Alternative für diejenigen, die ab und zu der Gartenarbeit frönen und dabei von anderen lernen möchten. Im Internet können Sie recherchieren, ob es in Ihrer Nähe Gemeinschaftsgärten gibt oder ob in einer Schule, Kirche oder Seniorenresidenz gelegentliche Hilfe bei der Gartenarbeit benötigt wird. Einige Nachhaltigkeitsinitiativen vernetzen Menschen via »Transition-Town-Websites« miteinander, sodass Gartenbesitzer freie Flächen mit anderen teilen. Auf diese Weise können Sie gartenfrische Produkte ernten und im Teamwork mit anderen Ihren grünen Daumen trainieren. Vielleicht gibt es auch jemanden in Ihrer Nachbarschaft, dessen Garten Sie im Austausch gegen selbst angebaute Naturalien nutzen können.

Mein örtlicher Gemeinschaftsgarten war früher ein ungenutztes Grundstück im Herzen der Stadt, das die Mitglieder im Lauf der letzten fünf Jahre in eine grüne Oase verwandelt haben. Jeder kann mitmachen. Ob es sich um sachkundige Gärtner handelt oder um Leute, die sich körperlich betätigen oder einfach nur die frische Luft genießen möchten – alle sind willkommen. Der Garten bietet die Möglichkeit, sich Grundfähigkeiten in Sachen Gartenbau anzueignen, und wurde kürzlich mit

*Konservierungstechniken wie Marmeladen- und Gelee-
herstellung, Einmachen und Pökeln werden von
Generation zu Generation weitergegeben.*

einer Werkstatt-Hütte ausgestattet, in der man Schreinern und Drechseln
lernen kann. Mit Teich, Kinderbereich, Tiergehege und zahlreichen Hochbeeten ist für jeden etwas dabei.

Am Tag unseres Besuches fand im Open-Air-Klassenzimmer eine
Marmeladen-Kochaktion statt und die Gemeinschafts-Gärtnerin Becky
Richards vermittelte den Besuchern Tipps und Tricks, um Ernteüberschüsse haltbar zu machen. Erdbeeren, Himbeeren und Johannisbeeren
wurden zu Konfitüren, Gelees und Coulis verarbeitet. Einige der Früchte
kamen aus dem Fruchtkäfig oder von der Wildbeerenhecke, andere hatten die Hobbygärtner von zu Hause mitgebracht, um etwas die Kunst des
Konservierens zu erlernen. Danach wurden die Erzeugnisse verkauft und
der Erlös wurde für den Garten verwendet.

Ernteüberschüsse zu verwerten oder haltbar zu machen ist für viele
Kleingärtner eine Herausforderung. Weniger Gewächse in Serie anzu-

pflanzen verhindert einiges, aber unberechenbare Wetter- und Wachstumsbedingungen machen es oft unmöglich, im Voraus zu planen. Es gibt verschiedene Möglichkeiten, Obst und Gemüse haltbar zu machen:

• Einmachen in Essig (einschließlich Relishes, Chutneys und Ketchups);
• mit Zucker zu Konfitüren, Gelees, Likören und Süßigkeiten verarbeiten;
• Pökeln in Salz;
• Räuchern;
• Lufttrocknen, Dehydrieren und Fruchtleder-Herstellung;
• Konservieren unter Öl, Fett oder Butter;
• Einlegen in Alkohol;
• Fermentation oder Gärung;
• Kochen und Einmachen;
• Einfrieren.

Andere Aktivitäten im Angebot unseres Gemeinschaftsgartens sind das Anlegen von Waldgärten, Wegen, Heckenpflanzungen und Kompoststationen. Freitag morgens kommt eine Mutter-Kind-Gruppe zum Lernen und Spielen in den Garten und samstags sind Tür und Tor für jedermann geöffnet, sodass auch Besucher eine Tasse Tee im neu angelegten Teehaus genießen können. Als gelegentliche Freiwillige werde ich via E-Mails darüber informiert, welche Termine gerade anstehen – von Baumpflanzaktionen über Teichreinigungstage bis hin zur Grillparty und zur Einweihung der neuen Kompost-Toilette.

Der Garten dient auch als Veranstaltungsort für lokale Feste und bewirbt so die Vorzüge selbst angebauter gartenfrischer Nahrungsmittel. Einige urbane Gärten halten sogar Bienen, Hühner und Schweine, deren Pflege die Mitglieder untereinander aufteilen.

EIN PROSIT AUF DEN BIO-WEINBAU

Um eine Flasche Wein zu keltern, braucht es 600–800 Trauben. Will Davenport bepflanzte seinen ersten Weinberg im Jahr 1991 – eine winzige, nur zwei Hektar große Parzelle, auf der vier Jahre später die Grundzutat für 900 Flaschen Wein heranreifen sollte. Keine schlechte Ausbeute, wenn man bedenkt, dass Will in der Zwischenzeit 160 Kilometer entfernt auf einem anderen Weinberg arbeitete. Mittlerweile hat sich sein Unternehmen, das als Wochenend-Hobby begann, zu einem der führenden Bio-Weingüter Englands entwickelt. Will beschäftigt sechs Helfer und befüllte im Jahr 2015 30 000 Flaschen mit Bio-Rebensaft von mehreren Standorten in Südengland.

Will wurde in Australien ausgebildet und sammelte Winzer-Erfahrungen in Frankreich sowie in Kalifornien. Er kann ein Lied davon singen, dass der bio-organische Rebenanbau für die Weinproduktion eine spannende Aufgabe, aber auch eine echte Herausforderung ist. Weinreben sind in Großbritannien nicht heimisch, daher sind Wetterverhältnisse, Standort und Bodenform von größter Bedeutung. Wenn Sie einen sonnigen, ausreichend trockenen Hang in Südwestlage mit weniger als 91,4 Metern Höhe über dem Meeresspiegel finden, den eine sanfte Brise umweht, die etwaige Schimmelpilze und Mehltau von den Reben pustet, haben Sie eine reelle Chance.

Es ist möglich – man kann in Großbritannien guten Wein produzieren, aber aufgrund der Launen des Wetters nicht jedes Jahr. Will berichtet in seinem Blog von guten und von schlechten Jahren: »2014 geht als ein wirklich gutes Jahr zu Ende: warmer Frühling, keine Spätfröste, trocken während der Blüte, heißer Juli, nasser August (OK, ein bisschen zu nass)

Die Traubenlese kommt in Gang - hoffnungsvolle Aussichten auf hervorragende Jahrgangsergebnisse.

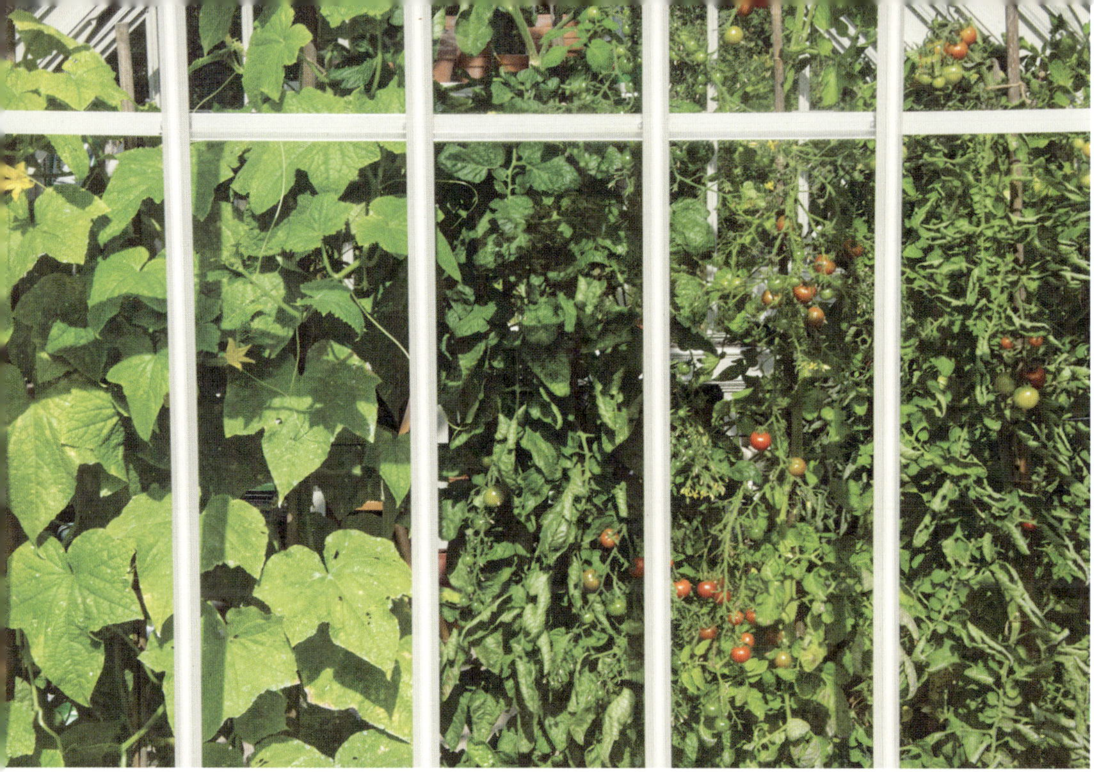

WINE
VOL
TK
RACK
NUT
SO2
ACID
FO 1180 39
LS 2120 36
FB 585 14 A
LO 1550 1
LDF1 1135 01-6 30
LB1 3570 37 W
LO 1710 F1
FPn 1195 29
LB2 890 2
FC 800 8
LH 1020 3
LB2 750 6

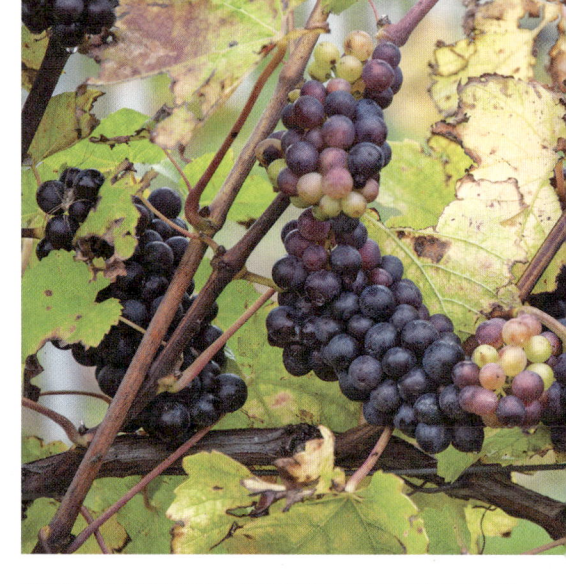

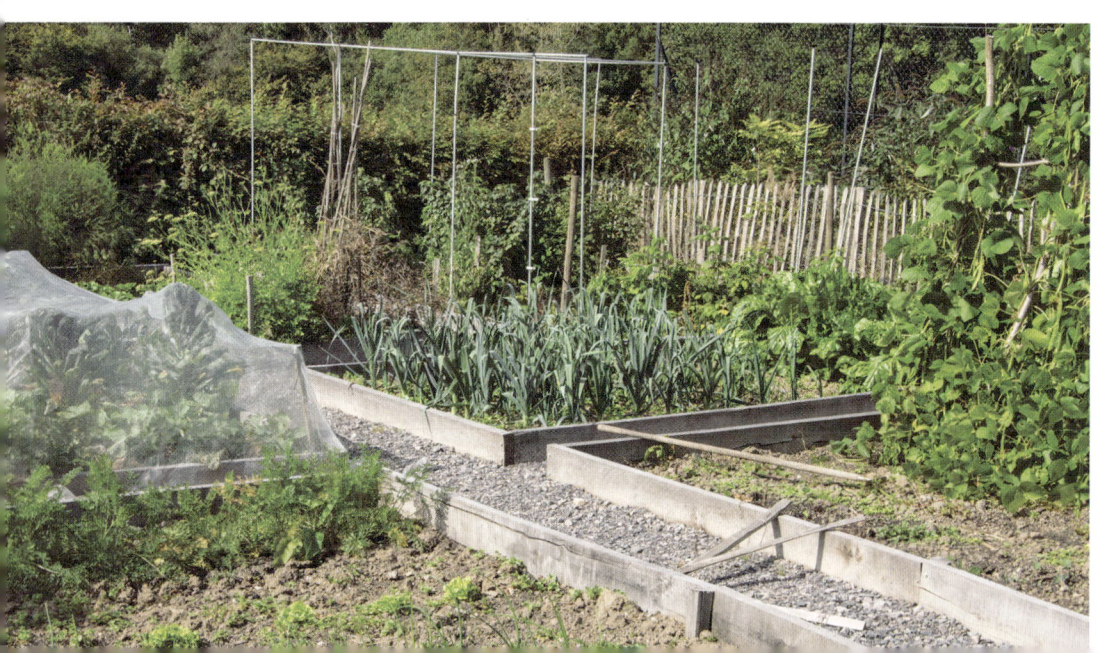

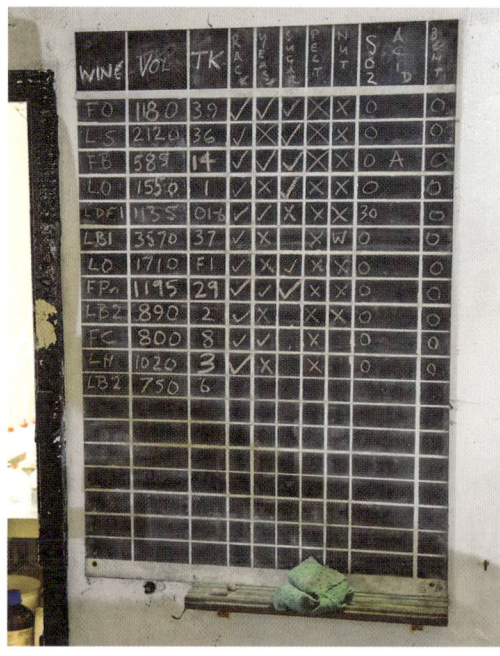

Die Weinrebe ist in Großbritannien nicht heimisch, daher ist der Weinanbau nicht jedes Jahr von Erfolg gekrönt.

und einer der trockensten September seit Wetteraufzeichnung. Es wurde kälter bis Mitte Oktober, aber der Ertrag unserer Rebstöcke übertraf unsere Erwartungen und der Zuckergehalt war akzeptabel.« Und dann: »2013 war ein Jahr der Schwierigkeiten: ein kalter später Frühling, gefolgt von einem heißen, trockenen Sommer und dem nassesten Herbst seit fünf Jahren.«

Sie werden professionelle Beratung (regionale Winzerverbände leisten Hilfestellung) und einiges an finanziellem Rückhalt benötigen, um 4000 Rebstöcke pro Hektar samt Spalieren anzupflanzen, und es kann gute zehn Jahre dauern, bis Sie schwarze Zahlen schreiben – vor allem, wenn Sie in Maschinen für Ihr eigenes Weingut investieren.

Wie die meisten Kleinbauern setzt Will auf diverse Standbeine. Er hält eine kleine Herde von Wiltshire-Horn-Schafen, eine alte Rasse von großer Robustheit, die dank des Engagements des Rare Breeds Survival-Trust vor dem Aussterben bewahrt wurde. In der heutigen Zeit, wo Wollproduktion unrentabel geworden ist und die Kosten für Scher- und Veterinärarbeiten ins Gewicht fallen, ist es ein großer Vorteil, dass die Wiltshire-Horn-Schafe ihr Vlies im Frühjahr von alleine abstoßen. Die großen, ziegenartigen Mutterschafe können ihre Lämmer außerdem sogar im Freien zur Welt bringen. Wills Schafe beweiden auf zehn Hektar Fläche kleine Felder mit jahrhundertealten Eingrenzungen. Die Beweidung verbessert die biologische Vielfalt der Landschaft und die Farm folgt den Vorgaben des Environmental-Stewardship-Prinzips im Bestreben um Nachhaltigkeit. Wildblumen bekommen einen Lebensraum, Wald wird nachgepflanzt, Will hebt einen flachen Teich aus und Turmfalken sowie Schlangen gibt es hier in Hülle und Fülle.

Das Gelände beheimatet eine Reihe von Bienenstöcken, deren Völker Honig für den regionalen Verkauf produzieren und dabei helfen, die Weinreben zu bestäuben. Auch Gemüse für seine sechsköpfige Familie baut Will hier an.

Auf dem Weinberg werden hausgemachter Kompost und Gründünger verwendet, um die Fruchtbarkeit des Bodens zu erhöhen. Traubenschalen, Stiele und Weingutabfälle werden dem Biomüll des Hofes beigefügt und verkompostiert. Es werden keinerlei chemische Pestizide verwendet – nur organisch zugelassene Fungizide, die mit rund der Hälfte des zulässigen Schwefeldioxids auskommen.

Bei der Weinherstellung werden lediglich Zusätze auf Schlämmkreidebasis verwendet. Rebsorten wie Pinot Noir, Auxerrois, Bacchus, Faberreben, Chardonnay und Pinot Meunier werden biologisch angebaut und zu preisgekrönten Weinen gekeltert, wie beispielsweise einem sprudelnd frischen Blanc de Blancs, der als »trocken, mit zarten Blasen, lieblichen Pfirsich- und weißen Fruchtaromen auf der Zunge - eine fantastische Alternative zu Champagner« beschrieben wird. Vierzig Prozent der englischen Weinverkäufe sind Schaumweine, aber Wills Weingut produziert auch einen seltenen roten Pinot Noir sowie einen weißen, der »nach Kiwi und Edel-Pflaume am Gaumen schmeckend« betitelt wurde. »Knackig, aber schön ausgewogen. Ein pikanter, würziger trockener Weißer und ein für die englischen Weine durchweg überzeugendes Aushängeschild.«

Will baut für seine sechsköpfige Familie Gemüse an, hält Bienen zur Honigproduktion und kümmert sich um die Bio-Rebstöcke auf seinem Weinberg.

IN HÜLLE UND FÜLLE

Die Natur hat ihren eigenen Rhythmus: Es gibt eine Zeit zu säen und eine Zeit zu ernten – und selbst wenn Sie in Ihrem Garten gut durchdacht unterschiedlich schnell reifende Pflanzen anbauen, ist die Ernte eine Zeit des Überflusses. Frances Avery kümmert sich um die Erträge eines ansehnlichen Kleinbauernhofs im Familienbetrieb, bestehend aus einem 0,2 Hektar großen Gemüsegarten, einem Fruchtkäfig, zwei Obst- gärten und einer Nussplantage. Die insgesamt 2,8 Hektar große Fläche wird von Frances' Ehemann William, ihren beiden Söhnen Oscar und Rupert sowie ihrer Tochter Amélie bewirtschaftet. Im Hochsommer verarbeitet Frances täglich kistenweise frisch geerntetes Obst, Nüsse und Gemüse.

Frances liebt es, Nutzpflanzen heranzuziehen – vor allem in Töpfen und Saatkisten in ihrem Gewächshaus – und verarbeitet dann alles, was reif ist, in Akkordarbeit in der Küche, während ihre Familie draußen ackert, gießt und gärtnert. Frances macht die Ernte so weit wie möglich haltbar, um sie den Winter über in der Speisekammer aufzubewahren, und ver- kauft Überschüsse vor dem Hoftor, um mit dem Erlös das Saatgut für die nächste Saison zu finanzieren – ein Leben im Rhythmus der Jahres- zeiten, an dem Frances und ihre Familie große Freude haben. Der Gemü- segarten ist in lange, 1,2 Meter breite Beete unterteilt, mit Wegen, die breit genug sind, um einer Schubkarre freie Bahn zu gewähren. Es gibt ein größeres, mit einem Netz überspanntes Beet für Beerenfrüchte und ein anderes für Artischocken und Spargel. In den restlichen vier Beeten werden rotierend Kartoffeln; Zucchini und Kürbisse; Erbsen und Bohnen; sowie Blattgemüse angebaut. Tomaten, Paprika, Chilischoten, Aubergi- nen und Gurken werden im Gewächshaus gezogen.

Frances kümmert sich um sämtliche Produkte, die ihre Familie anbaut, und konserviert Obst, Gemüse und Nüsse so, dass sie den Winter über bis zur nächsten Ernte reichen. Mit viel Geschick und Ausdauer füllt sie die Vorratskammer – legt essigsaures Gemüse ein, kocht Marmeladen und Kompotts, friert ein und bäckt.

In einem der Obstgärten gedeihen Kirschen, Äpfel und Birnen, im anderen Zwetschgen, Mirabellen und Edelpflaumen. Walnüsse, Haselnüsse und Co. werden in der Nussplantage angebaut. Nüsse sind eine wunderbare Möglichkeit, im Eigenanbau eiweißhaltige Naturprodukte herzustellen – man kann sie trocknen und in Netzen aufbewahren. Viele Apfel- und Birnensorten können gelagert werden, indem man die Früchte separat in Zeitungspapier einschlägt und in Karton- oder Holzkisten an einem kühlen, trockenen, vor Nagetieren geschützten Ort aufbewahrt. Die meisten anderen Obstsorten müssen direkt nach der Ernte verspeist oder konserviert werden.

Gelegentlich fühlt sich Frances geradezu überwältigt von den Mengen an Gartenerzeugnissen, die auf ihrem Küchentisch landen. Nachdem sie so viel Gemüse und Obst geputzt, eingefroren und zu Marmeladen oder Pickles verarbeitet hat, wie die Familie benötigt, verkauft sie Überschüsse auf einem lokalen Bauernmarkt.

Die gängigsten Techniken zur Lebensmittelkonservierung nutzen Essig, Zucker, Salz, Luft, Öl, Alkohol, Hitze oder Kälte. In der heutigen Fastfood- und Wegwerf-Gesellschaft sind die altehrwürdigen Methoden des Pökelns, Räucherns, Einkochens und Fermentierens kostbarer denn je – ganz zu schweigen vom Einfrieren, Einlegen und Einmachen. Sie kosten etwas Zeit, können aber gut in unseren modernen Lebensstil integriert werden und uns den Winter über an den Sommer erinnern.

Bohnen, Brokkoli sowie Blattgemüse der Averys werden blanchiert und dann (der Familiengröße entsprechend) portionsweise eingefroren; Wurzelgemüse wird in mit Heu ausgelegten Erdkammern aufbewahrt; Kürbisse und Hülsenfrüchte werden getrocknet; Zwiebeln und Schalotten zu Zöpfen geflochten und hängend aufbewahrt; und der Rest wird eingelegt. Frances füllt jede Menge Einmachgläser mit Chutneys und Pickles. Tomaten, Rhabarber, Zucchini und grüne Bohnen werden mit Zucker, Gewürzen und Trockenfrüchten zu Chutneys eingekocht, während Gurken, kleine Zwiebeln, Blumenkohl und Rote Bete in hochwertigem Essig mit Kräutern eingelegt werden.

Gemüse wie Artischocken, Paprika und Tomaten werden in Öl oder in Salzlake eingelegt oder geräuchert, Erzeugnisse aus dem Gewächshaus werden getrocknet oder zu Würzpasten, Pestos und Ketchups verarbeitet. Früchte werden teils am Stück (für Kuchen, Torten und Aufläufe) oder püriert (für Saucen, Cremes und Coulis) eingefroren – teils werden sie zu Marmeladen, Gelees oder Fruchtleder verarbeitet, in Alkohol eingelegt oder in Sirup verwandelt. Dieser lässt sich in kleinen Flaschen portionsweise einfrieren, sodass man im Winter im Handumdrehen fruchtige Getränke damit mixen kann. Äpfel und Birnen können gepresst, pasteurisiert und als Saft aufbewahrt oder zu Cider, Birnenmost oder Landwein vergoren werden.

Die Pflaumenbäume im Obstgarten liefern reiche Ernte und die Clafoutis sowie Tartes von Frances sind legendär. Überschüsse verkauft sie auf dem örtlichen Bauernmarkt.

PRAXISTIPP: **PFLAUMEN-GIN HERSTELLEN**

Pflaumen, Zwetschgen und Mirabellen werden oft zur gleichen Zeit reif, aber in Gin in einem hübschen Glas eingelegt halten sie sich lange und ergeben wunderbare Weihnachtsgeschenke. Auch andere überschüssige Früchte können auf diese Weise konserviert werden: Rhabarber und Orangen machen sich gut in Wodka, geriebene Quitten in Brandy und Schlehen in Gin.

    Wählen Sie reife Früchte aus und waschen Sie sie gründlich. Die Pflaumenkerne sollten Sie nicht entfernen, da sie dem Gin ein köstliches Mandelaroma verleihen. Dickhäutige Früchte sollten Sie vor dem Einlegen einstechen (traditionellerweise mit einem Silberspießchen), aber ein paar Tage im Gefriergerät haben den gleichen Effekt. Sie benötigen ein Glas mit breiter Öffnung, das in der Spülmaschine gereinigt oder von Hand gewaschen und bei 140 °C im Ofen getrocknet wurde. Versehen Sie den fertigen Pflaumen-Gin mit einem Etikett, auf dem Sie das Abfülldatum notieren. Die abgegossenen Früchte ergeben in Kombination mit etwas Eiscreme ein köstliches Dessert.

1. Füllen Sie 300 Gramm reife Früchte in das vorbereitete Einmachglas.

2. Geben Sie 80 Gramm Zucker dazu – Sie können später noch Zucker hinzufügen, falls Sie Ihren Pflaumen-Gin süßer mögen.

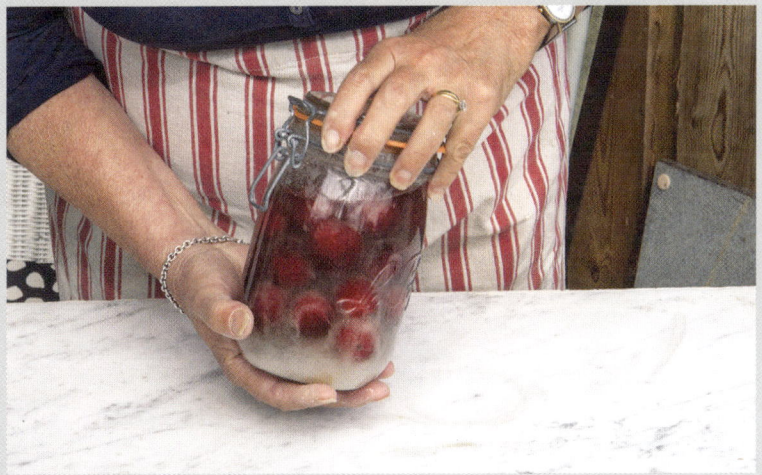

3. Gießen Sie alles mit 700 ml Gin auf, verschließen Sie den Deckel und schütteln Sie das Glas, damit sich der Zucker auflöst.

4. Lassen Sie den Pflaumen-Gin 3–4 Monate an einem kühlen, dunklen Ort durchziehen, schütteln Sie das Glas gelegentlich und überprüfen Sie den Zuckergehalt. Gießen Sie den Gin durch ein Sieb mithilfe eines Trichters in eine vorbereitete Glasflasche ab.

LANDWIRT-SCHAFT IM KLEINFORMAT

Zu lernen, wie man Pflanzen anbaut und Tiere versorgt, braucht Zeit. Viele Schulen nutzen heutzutage Bauernhöfe als Lernort, wobei das gewonnene Wissen in akademischen Fächern, die Bestandteil des Lehrplans sind, vertieft wird – und einige Kinder wachsen sogar in bäuerlichen Familien auf. Die meisten von uns kommen mit dem Thema Landwirtschaft allerdings erst in späteren Jahren in Berührung. Wenn Sie vorhaben, selbst irgendwelche Nutztiere zu halten, ist es sehr wichtig, zunächst einmal einen Kurs zu besuchen, um sich über artgerechte Viehhaltung zu informieren, damit Sie Ihren Schützlingen ein gutes Leben ermöglichen können.

Die Lage des Geländes, die Beschaffenheit des Bodens und natürlich der zur Verfügung stehende Platz bestimmen die Art der Pflanzen, die Sie anbauen, und die der Tiere, die Sie halten. Schweine beispielsweise durchgraben gern lockere Böden; Bienen benötigen ein Meer aus Blüten, und Blumen gedeihen nur auf dafür geeigneten Flächen. Sorgfältige Planung ist ein Muss, und Besuche von Modellbauernhöfen und bei erfolgreichen Kleinbauern können Ihnen die richtige Richtung weisen.

EIN WAHRHAFT GUTES LEBEN

Karen und Jeff Nethercott leben ein gutes Leben. Als ehemalige Stadtbewohner sind sie vor etwa zehn Jahren nach Norfolk gezogen, um hier einen traditionellen Kleinbauernhof zu bewirtschaften. Wie Karen es ausdrückt: »Es mag unromantisch klingen, aber die Gründe für unseren Umzug waren lebensmittelbasiert. Ich wollte sicher sein können, dass wir Produkte von Tieren essen, die ein gutes Leben führen durften.«

Es war nicht einfach, den perfekten Hof zu finden. Die Nethercotts durchforsteten das Internet und Lokalzeitungen, gingen zu Auktionen und besichtigten zahlreiche Immobilien – und schlossen sich einem lokalen Netzwerk leidenschaftlicher Smallholder an.

In der Norfolker Farming-Community gibt es zahlreiche Höfe mit nur wenigen Hektar Land, da viele Bauern einen guten Teil ihrer Ländereien an die großen Betriebe verkauft haben, wodurch ideale Kleinbauernhöfe entstanden. Schließlich fanden die Nethercotts ein Anwesen mit 2,8 Hektar Land, das zwei große, mit Naturhecken eingegrenzte Felder umfasste – natürliche Vorratskammern voller Schlehen, Haselnüsse und Ofenholz. Sie gliederten ihre Felder mit elektrischen und hölzernen Zäunen in Areale, um sie rotierend als Weideflächen für ihre Tiere zu nutzen, und legten einen Obstgarten mit Äpfeln, Quitten und Mispeln sowie einen Gemüsegarten mit 20 Beeten in Nähe des Wohnhauses an. Ganz im Stil der vielseitigen Kleinbauern errichtete Jeff eine kleine, mit Wellblech überdachte Scheune aus Holz für Vorräte und Futtermittel sowie einen Schuppen und eine Garage aus den gleichen Materialien. Auf dem pfiffig angelegten Komposthaufen werden Haus- und Stallabfälle in wertvollen Dünger umgewandelt.

Als den beiden bewusst wurde, dass die geplante Schafherde das Graswachstum ihrer Farm nicht im Zaum halten können würde, hatten sie ihre Felder auf Auftrag mähen lassen, um die Anschaffung einer teuren Mähmaschine zu vermeiden. Doch seitdem sie einen grauen »Fergie«-Diesel-Traktor (Baujahr 1954) mit Mähaufsatz gekauft haben, schneiden sie ihr Heu selbst. Jeff liebt die betagte Maschine, die preiswert in der Anschaffung war und einfach zu reparieren ist, obwohl er stundenlang taube Ohren hat, wenn er sie benutzt hat. Eine andere Farm-Gerätschaft des Paares ist ein Viehtransporter mit integriertem Gatter.

Karen sieht keinen Grund darin, Ausverkäufe und Bauernhofauktionen nach Trögen, Tränken und Gattern zu durchforsten. Maurerkübel als Futtertröge und Kinder-Planschbecken als Ententeich tun es ebenso, Mülleimer mit Metall-Deckel eignen sich ideal zur rattensicheren Lagerung von Futtermitteln, und Second-Hand-Geräte lassen sich in lokalen Zeitungen sowie im Internet finden. Wie viele Neulinge begannen auch Karen und Jeff mit dem Halten von Hühnern. Sie wussten, dass Hybridhennen als zuverlässigere Eierlieferanten gelten, bevorzugten aber charaktervolle Rassen wie große, fluffig gefiederte Orpington- und Brahma-, adrette kleine Pekin- und blaue Eier legende Araucana-Hühner.

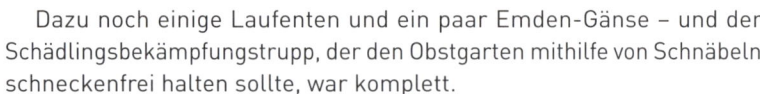

Dazu noch einige Laufenten und ein paar Emden-Gänse – und der Schädlingsbekämpfungstrupp, der den Obstgarten mithilfe von Schnäbeln schneckenfrei halten sollte, war komplett.

Karen interessiert sich für alte, seltene Nutztierrassen; die Webseite des Rare Breeds Survival Trust ist eine gute Anlaufstelle, wenn Sie ähnliche Ambitionen haben. Karen war fasziniert vom auffälligen Aussehen der Lincoln-Longwool-Schafe, aber die waren in der Region schwer zu finden, sodass sie sich für Ryelands entschied. Im Herbst schickt sie ihre Mutterschafe mit denen aus zwei anderen Herden aus der Nähe für ein paar Wochen auf Urlaub und bekommt sie im Frühjahr trächtig zurück. Ryeland-Schafe gibt es schon seit sieben Jahrhunderten. Die Rasse ist robust sowie pflegeleicht und eignet sich perfekt für die kleinbäuerliche Haltung. Sie sind gute Mutterschafe, kommen mit Weidehaltung ohne große Zufütterung aus, leiden kaum unter Hufproblemen und produzieren hervorragendes Fleisch. Karen und Jeff verkaufen ihre Lämmer nach 12–18 Monaten als Jährlinge, die außerordentlich festes, schmackhaftes Fleisch liefern, an das kaum etwas rankommt. Das begrenzte Angebot macht es zu einem Premium-Lebensmittel, das den Kleinbauern gutes Geld einbringt – pro Lamm werden etwa 15 Kilogramm Fleisch erzielt.

Der Rare Breeds Survival Trust berät Landwirte bezüglich der besten Rassen für die Viehhaltung und fördert ein Bewusstsein für die landwirtschaftliche Artenvielfalt.

Nahrungsmittelproduzenten sollten jede Möglichkeit nutzen, ihre Waren direkt zu verkaufen: im Internet, auf Märkten und vor dem Hoftor. Die Öffentlichkeit ist zunehmend an der Herkunft von Lebensmitteln interessiert.

In Sachen Schweinehaltung haben es die Nethercotts mit Tamworths und British Saddlebacks versucht, dann aber auf Gloucestershire Old Spots umgesattelt, weil Karen das Temperament der Hängeohrschweine bevorzugt. Die Schweinehaltung ist unkompliziert – man beginnt mit einigen acht Wochen alten Ferkeln, mästet sie den Sommer über und bringt sie im Herbst zum Schlachter. »Wenn man Tiere als Fleischlieferanten hält, ist ihr Tod am Ende genauso wichtig wie die Verhältnisse, unter denen sie gelebt haben«, sagt Karen. »Stellen Sie sicher, dass Ihr örtlicher Schlachthof einer ist, den Sie guten Gewissens beauftragen können, und dass Sie Ihre Tiere im Bewusstsein weggeben können, ihnen ein gutes Leben ermöglicht zu haben. Es lohnt sich, den Abtransport im Voraus zu planen und die Tiere an diesem Tag nicht zu füttern. Sie sollten sauber und trocken sein. Man sollte niemals ein einzelnes Tier zum Schlachter bringen – es wird weniger Stress empfinden, wenn es Gesellschaft hat.«

Sehr wenige Menschen, mit denen ich gesprochen habe, verdienen ihren Lebensunterhalt mit ihrer Mini-Landwirtschaft. Karen und Jeff aber arbeiten unermüdlich, um ihre Produkte auf lokalen Bauernmärkten zu verkaufen. Sie haben schon Tage der offenen Tür abgehalten, Kurse angeboten, sogar ihre eigenen Läden beliefert – und, um es in ihren Worten auszudrücken: »Landwirtschaft ist hart, aber lohnend. Sie essen erstklassige Nahrungsmittel und führen ein gesundes erfülltes Leben.«

Die gemischte Herde des Kent College wartet im Pflock geduldig darauf, von einer Schulklasse »gedrencht« zu werden.

LERNEN AUF DEM BAUERNHOF

Clio, eine junge Freundin von mir, möchte Tierärztin werden. Sie erwarb ihren GCSE (was in etwa dem deutschen Realschulabschluss entspricht) im Zweig »Environmental and Land-based Science« (eine heute nicht mehr angebotene Qualifikation) und hat das Glück, eine Schule mit eigenem Bauernhof zu besuchen. Wie die Webseite der Schule aufzeigt, gibt es in Großbritannien mehr als 100 solcher Schulbauernhöfe, und weitere sind in Planung.

In der Chipping Campden School beispielsweise gibt es fünf Koppeln, auf denen regionale Nutztierrassen wie Cotswold-Longhorn-Schafe und Gloucestershire-Old-Spot-Schweine gehalten werden, deren Fleisch man dann in der Schulkantine serviert. Ein stattlicher Obstgarten, den die Schüler vor dem Verfall bewahrt haben, produziert mittlerweile Apfelsaft, der in der Schule und auf lokalen Bauernmärkten verkauft wird; und eine Herde von Hybridhühnern legt Eier, die von Schülerschaft und Lehrpersonal verspeist werden.

Clio besucht das Kent College, eine Tagesschule und ein Internat für Jungen und Mädchen im Alter von drei bis 18 Jahren, umgeben von 112 Hektar großen landwirtschaftlichen Flächen einschließlich der 20 Hektar umfassenden Moat-Farm. Ich besichtigte die schuleigene Zuchtherde von Dexter-Kühen, eine kleine Schafherde, ein Freilandschwein-Gehege und eine Reitschule mit Mietstall (der Schülern zur Verfügung steht, die ihre Ponys ins Internat mitbringen möchten). Der Hof beheimatet außerdem eine Arche-Noah-ähnliche Sammlung von Hühnern, Enten, Kaninchen, Meerschweinchen und Frettchen.

Den »Farmers' Club« bietet die Schule seit 63 Jahren als Nachmittagsaktivität für Unter- und Oberstufenschüler an. Clio erzählte mir, dass sie beschlossen hatte, mehr

Landwirt Palmer vermittelt Schülern praktische Erfahrung in puncto Schafhaltung, während andere das Geflügel füttern, tränken und die Ställe ausmisten.

Freizeit mit Dingen zu verbringen, die ihr Freude machen. Ihre Lieblingstiere sind die Kühe, die sie kennt, seit sie sieben Jahre alt ist, und um die sie sie auch noch kümmern möchte, wenn sie die Schule verlassen hat. »Ich habe vor, Veterinärmedizin zu studieren«, erzählte sie mir. »Ich möchte das schon, seit ich denken kann, aber die Zeit auf der Farm hat mich noch entschlossener gemacht und mir wertvolle Berufserfahrungen vermittelt, die ich in der Zukunft gut gebrauchen kann. Ich habe Liebe und Verständnis für all die Tiere dort entwickelt.«

Jüngere Schüler beginnen oft mit der Betreuung der Meerschweinchen und Kaninchen, lernen, sie sauber zu halten, zu füttern und zu umsorgen. Die Kleintiere sind knuddelig und lassen sich auf den Arm nehmen – dadurch bieten sie eine wunderbare Möglichkeit, Kinder mit artgerechter Viehhaltung vertraut zu machen. Fast ebenso beliebt ist die bunte Schar von Freiland-Hühnern – mit stattlichen gelbbraunen und schwarzen Orpingtons, ein paar Bantams und einem ansehnlichen Polnischen Hahn, der seltsamerweise »Janet« heißt. Das Vergnügen, Eier zu sammeln, steht ganz oben auf der Liste der beliebtesten Aufgaben, dicht gefolgt von der Ferkelpflege.

Während meines Besuches wurden etwa 20 in Overalls und Gummistiefel gekleidete Teenager (Mädchen und Jungen) von Lehrer Graham Palmer (auch bekannt als Farmer Palmer) in Gruppen eingeteilt. Ein Trupp machte sich daran, die gemischte Schafherde (Romney-, Southdown- und niederländische Zwartbles-Schafe) zu drenchen. Mit kleinen Rucksäcken voll Medikamenten-Lösung und Drenchpistolen ausgestattet, fixierten die Schüler die Tiere zwischen ihren Knien, um ihnen die Medizin gegen Parasiten direkt ins Maul zu spritzen.

Eine Schar Enten watschelt vom Teich in den Stall, um Hühnerfutter zu stibitzen.

Eine zweite Gruppe reinigte die Geflügelställe, füllte Tränken sowie Futterspender auf und trieb behutsam eine Gruppe von Junghennen aus ihrem Gehege. Eine dritte Gruppe fing die Ponys auf den Koppeln ein. Die vierte Gruppe (die heute am wenigsten Glück hatte) mistete die Schweineställe aus. Alle Tiere wurden gestreichelt und verwöhnt, die Schüler arbeiteten brillant zusammen und hatten jede Menge Spaß.

Der Höhepunkt des Schuljahres ist die jährliche »Kent Show«, bei der die Tiere herausgeputzt und von den Schülern präsentiert werden, oft gibt es auch Preisverleihungen. Wie Hilfslehrerin Nicky Manx mir erklärte, sind »die Kinder, die sich um die Tiere kümmern, immer leicht zu erkennen – sie sind die nettesten«. Und sicherlich die glücklichsten.

PRAXISTIPP:
EIN STAUBBAD EINRICHTEN

Hühner müssen ab und zu ein Staubbad nehmen, um ihr Gefieder sauber zu halten, und sie genießen diese Prozedur in vollen Zügen. Wenn Sie Ihr Federvieh in einem Gehege halten, sollten Sie ihm eine Staubbadestelle zur Verfügung stellen, und sogar wenn Ihre Hühner frei herumlaufen dürfen, lohnt es sich, eine Sandmulde anzulegen, um zu verhindern, dass sie das ganze Grundstück mit Scharrlöchern übersäen.

Ihr Hühnervolk wird sich selbstständig eine geschützte Stelle aussuchen, oft unter einem Baum oder hinter einer Hecke gelegen, an der der Boden trocken und locker ist. Ich empfehle Ihnen, den Hühnerstall auf Pflöcken zu errichten, sodass Ihr Federvieh darunter in Ruhe staubbaden kann – so sehen Sie auch sofort, wenn sich irgendein Ungeziefer ausbreitet. Außerdem lässt sich der Stall einfacher reinigen, wenn Sie sich nicht so tief bücken müssen.

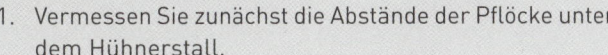

1. Vermessen Sie zunächst die Abstände der Pflöcke unter dem Hühnerstall.

2. Sägen Sie die Einfassungen zurecht. Ich imprägniere die Bretter immer vorab mit Wetterschutzfarbe.

3. Montieren Sie die Einfassungen unter dem Hühnerstall.

4. Füllen Sie das Staubbad mit Asche aus Ihrem Holzfeuerofen, mit Sand oder trockener Erde und beobachten Sie, wie Ihre Hühner genüsslich ein Bad nehmen.

Welche knackigen Produkte aus dem Gemüsegarten des The Pig Hotels landen wohl heute auf der Speisekarte?

SCHREBERN DE LUXE

Um den Traum vom Selbstversorgertum in die Realität umzusetzen, braucht es manchmal eine zündende Idee. Wenn Sie sich inspirieren lassen möchten, wie Sie Ihren Garten in eine Speisekammer der Spitzenklasse verwandeln können, sind Sie im The Pig Hotel in der Nähe von Bath an der richtigen Adresse. Hier entscheiden Gärtner Ollie Hudson, Küchenchef Kamil Oseka und Barkeeper Hywel jeden Tag gemeinsam darüber, welche Produkte aus dem Hotelgarten auf der Tageskarte landen.

Mit eierlegenden Wachteln und Hybridhühnern, einem Rehgehege für Wildbret, einer Herde von Gloucestershire Old Pigs, sowie umfangreichen Gemüse- und Obstgärten beweist das Team vom The Pig Hotel, dass man stilvoll und erfolgreich selbst Nahrungsmittel produzieren kann. Das Hotel arbeitet außerdem mit lokalen Jägern und Kleinbauern im Umkreis von 40 Kilometern zusammen.

Neu ist das Konzept von Küchengärten, die Hotelküchen versorgen, nicht – das Gravetye Manor und das Le Manoir aux Quat'Saisons in East Sussex und Oxfordshire haben genau so bereits formidable Erfolge erzielt, aber die kleine Kette der fünf Schweine-Hotels im Süden Englands setzt all ihren Enthusiasmus auf regional angebaute Lebensmittel und produziert die meisten davon in den eigenen Hotelgärten sogar selbst.

Der 0,6 Hektar große Garten wurde vor Kurzem gerade wieder von Unkraut und Winden befreit. Die akkurat angelegten Hochbeete sind mit regionaler roter, sandiger Erde bestückt, die mit Pilzkompost und Schweinemist angereichert wird – darin gedeihen in wechselnder Fruchtfolge Kohl, Hülsenfrüchte, Knoblauch und Wurzelgemüse.

Die Pflanzen werden im Zentrum der Hotelkette herangezogen und als Stecklinge in die Gärten geliefert, wo sie weiter wachsen, bis sie geerntet werden. Etwa 20 Prozent der Produkte sind experimentell. Diese Hotelgärten sind sehr arbeitsintensiv, können in kleinerem Rahmen aber auch für eine Familie funktionieren, wenn der Anbau gut geplant wird und sukzessiv erfolgt.

In zwei dekorativen, gewölbten Gewächshäusern aus den 1930er-Jahren wachsen Chili, thailändisches Basilikum und Stevia, die als Garnierungen in der Küche Verwendung finden. Es gibt Johannisbeeren und Himbeerkäfige, umwachsen von wilden Erdbeeren, und Heidelbeeren gemischt mit Cranberries in speziellen, sauer aufbereiteten Beeten, die in der Saison bis zu 1,2 Kilogramm Obst pro Tag liefern. In einem Polytunnel gedeihen zwölf Arten von Tomaten, darunter die »Golden Sweets«, die die Lieblingssorte des Küchenchefs sind. Kräuter machen einen großen Teil der Gartenprodukte aus. Sie werden, Anbau-Tipps inklusive, von der lokalen Kräuter-Expertin Jekka McVicar geliefert, und in den Beeten wachsen auch unbekanntere Sorten wie Mandarinen-Salbei, graublättrige Austernpflanze sowie Liebstöckel als Zutat für Salatdressings und schmackhafte Salamisorten. Flaschen voller Kräuter-Öle zieren die Esstische, Töpfe mit Kräutern schmücken die Hotelzimmer und Blumen werden als essbare Dekoration serviert. Kräuter kommen außerdem auch in der Bar zum Einsatz. Hywels Team

Gärtner Ollie untersucht ein Hausschwein, während sein Assistent eine weitere Saatenreihe im Beet markiert.

*Eine Dammwildherde durch-
streift das Wildgehege –
das Wildbret wird in der
Küche des Hotels verarbeitet.*

*Ringelblumenblüten werden kistenweise geerntet, denn
dank Farbe und Geschmack eignen sie sich perfekt als
kulinarische Dekoration. Die Pflanzen werden in Modulen
herangezogen und angepflanzt, sodass immer genug in
Blüte stehen, um täglich 140 Gerichte zu verschönern.*

experimentiert mit Buchenblättern, Ysop sowie Zitronenmelisse und kreiert köst-
liche Cocktails, wie beispielsweise einen gurkig-fruchtigen Gin mit hausgemach-
tem Holunderblütensirup und Zitronensaft.

Die Menüs variieren jeden Tag, je nachdem, welche Produkte aus dem Garten
in der Küche landen, und jedes Gericht beinhaltet eine Zutat aus dem Garten.
Kamil macht außerdem regionale Wildbret- und Schweinefleischprodukte über
Eichen- und Obstholz in seiner Räucherkammer haltbar – nach Rezepten seiner
Großmutter, sodass nichts verschwendet wird.

Von Kamils 20 Köchen kümmern sich zwei rein um die Vorbereitung des Gemü-
ses. Sie verarbeiten täglich den Inhalt von 140 Kisten unter der Woche und 250 an
Wochenenden, wenn bis zu 20 Kilogramm Salat serviert werden. Die Gäste schei-
nen die Verbindung zwischen ihrer Mahlzeit und deren Herkunft zu schätzen und
kombinieren den Restaurantbesuch in der Regel mit einem Spaziergang durch
den Küchengarten – alles Teil des fabelhaften Pig-Hotel-Erlebnisses.

Aus traditionellen bunten Bauerngartenblumen und Samenkapseln bindet Sheila hübsche Hochzeitssträuße.

BLUE HEN FLOWERS

2012 sollte Sheila Humes Sohn heiraten. Sie betrachtete ihren üppig blühenden 0,2 Hektar großen Garten und dachte sich: »Die Blumen für seine Hochzeit kann ich locker selbst anbauen und arrangieren.« Aber das große Ereignis sollte im Mai stattfinden und dummerweise blühten alle ihre Blumen im Juni. Das war der Moment, in dem Sheila beschloss, ins Blumengeschäft einzusteigen.

Zum Glück war der lokale Farm-Shop mehr als glücklich darüber, Sheilas überschüssige Hochzeitsblumen zu verkaufen und wollte mehr. Es herrschte in England immer schon ein Mangel an regional gezogenen Gartenblumen – 80 Prozent wurden aus dem Ausland eingeflogen. Sheila schloss sich »Flowers from the Farm« an, einem Online-Netzwerk von 200 Handwerkern, Landwirten und Gärtnern, die eine Reihe von Blumen anbauen, die man beim Floristen oder im Supermarkt selten findet.

Sheila spezialisierte sich auf duftende, nostalgische Sorten – Tulpen, Narzissen, Fuchsien, Nelken, Wicken, Dahlien und Zinnien – und richtete ihre eigene Webseite ein. Dank dieser können »Floristen, Bräute und Ehemänner auf Geburtstags-, Weihnachts- oder Valentinstagsgeschenk-Suche« mit Sheila Kontakt aufnehmen und die passenden Blumen finden. Kunden können vorbeikommen und sich ihren eigenen Blumenstrauß pflücken – »das bringt immer jede Menge Spaß, vor allem für Bräute und ihre Brautjungfern«; oder Sheila stellt Arrangements für Festzelte oder ganze Häuser für besondere Anlässe zusammen.

Im britischen Klima ist es unmöglich vorherzusagen, wann Pflanzen zur Blüte kommen, daher investierte Sheila in einen Polytunnel. Durch das Gewächshaus ist sie den Launen des Wetters weniger stark ausgeliefert und ihre Blumen blühen etwa einen Monat früher als unter freiem Himmel. Andere Hilfsmittel und Geräte musste sie kaum anschaffen, um ihr Unternehmen zu gründen, allerdings spart sie momentan auf einen kleinen Traktor, um mit ihm Mulch und Kompost zu wenden und zu transportieren. Außerdem hat sie einen Auszubildenden angestellt, der ihr in den Sommermonaten unter die Arme greift.

Wenn man Gärtner nach den unbeliebtesten Schädlingen befragt, lautet die Antwort meistens »Schnecken«. Sheila schützt ihre Pflanzen vor den gefräßigen Weichtieren, indem sie Wolle (verfilzte Abschnitte vom hinteren Vlies des Schafes eines Nachbarn) um sie herumlegt. Kommerzieller wollhaltiger Mulch erfüllt den gleichen Zweck, aber Sheila empfiehlt, ihn vor Einbruch des Winters zu entfernen und zu verkompostieren, da er allen erdenklichen Schädlingen bei Frost als Unterschlupf dienen kann.

Sheila zieht ihre Blumen in Hochbeeten heran. Dabei arbeitet sie nach dem »No-Dig-System«, das auf das jährliche Ausbringen von Kompost angewiesen ist, und ihre Pflanzen und Stauden gedeihen prächtig in dieser »Laub-Kompost-Lasagne«. Sämlinge (großteils aus Samen gewonnen) pflanzt sie ab Februar in Keimschalen an, einige bereits im Herbst (vor allem Große Knorpelmöhre, Jungfer im Grünen und Zierwicken). Grünpflanzen und Kräuter gedeihen in Sheilas Garten auch unter freiem Himmel prächtig.

Sheilas Federvieh legt je nach Rasse unterschiedlich farbige Eier – die Maran-Hühner dunkelbraune, die Leghorn-Hennen weiße und die Araucana-Hühner blaue.

Sheilas Unternehmen heißt »Blue Hen Flowers«, benannt nach der Hühnerschar, die ihren Garten bevölkert. Sheila und ihren Kunden gefallen ungewöhnlich gefärbte Eierschalen, daher hält sie Cotswold Legbars (Araucana-Leghorn-Kreuzungen), die blaue und olivgrüne Eier legen, sowie Marans und Welsummers mit fabelhaften dunkelbraunen Eiern. Weitere Möglichkeiten für schönfarbige Eier sind Croad Langshans, die pflaumenfarbene Schalen produzieren, sowie moderne Hybridrassen.

Folgende Blumen empfiehlt Sheila für saisonale Sträuße:

- **Frühling**: Pfauenaugen-Narzissen *(N. poeticus var. recurvus)*, plus 'Greenstar'-Gladiole, 'Mount Tacoma'-Tulpe und Mittelmeer-Wolfsmilch *(Euphorbia characias* ssp. *Wulfenii)*;
- **Frühsommer**: Duftwicken *(Lathyrus odoratus)* 'High Scent', (auch bekannt als 'April in Paris'), 'Just Julia' und 'Lord Nelson';
- **Hochsommer**: *Digitalis*-Fingerhut (Camelot-Serie), Bischofskraut *(Ammi majus)*, Großblättriger Frauenmantel *(Alchemilla mollis)*, und Muskatellersalbei *(Salvia sclarea)* mit Ananasminze *(Mentha suaveolens* 'Variegata');
- **Herbst**: Dahlien 'Arabian Night' und 'Green Trick', plus Nerine bowdenii mit Zitronenduft-Pelargonie *(Pelargonium crispum* 'Variegatum');
- **Winter**: *Helleborus*-Arten, 'Bridal Crown'-Narzissen (angebaut im Gewächshaus) mit Eukalyptus- und Artischockenblättern.

HONIGBIENEN IN BOHUSLÄN

Per-Ola Hansson lebt in einem zwischen Gärten und Kleingärten gelegenen Cottage in der felsigen Bohuslän-Landschaft bei Göteborg an der schwedischen Westküste. Dort unterhält er um die 20 bunt angestrichene Bienenstöcke, die jeweils von gut 50000 Bienen bevölkert werden, sodass er für ungefähr eine Million fleißiger Insekten verantwortlich ist. Per-Ola weiß viel über sein Geschäft, und seine Begeisterung ist ansteckend, wenn auch nicht für seine gesamte Familie – seine Frau reagiert allergisch auf Bienenstiche, aber seine Tochter hilft ihm bei der Honigernte.

Per-Ola begann vor zwölf Jahren mit dem Imkern – unterstützt von einem Mentor und mit vier Buckfast-Bienenvölkern – einer sehr friedfertigen englischen Züchtung – und baute allmählich und sorgfältig seine Bienenkolonie auf. Normalerweise entfernen sich Bienen auf der Suche nach Nektar und Pollen kilometerweit von ihren Stöcken, aber hier in den sorgfältig gepflegten Kleingärten finden sie genug, um in der näheren Umgebung zu bleiben. Wie Per-Ola es ausdrückt, ist »die Imkerei zu bestimmten Zeiten des Jahres harte Arbeit«, aber verglichen mit seinem Job als Triebfahrzeugführer findet er sie entspannend.

Gekleidet in seinen weißen Imker-Anzug – Bienen beruhigt die Farbe Weiß – entzündet Per-Ola seinen Smoker und treibt Rauch in die Bienenstöcke, um seine Bienen zu besänftigen, während er mit ruhigen Worten erklärt, was er da tut.

Er hebt die Wabenrahmen an, untersucht sie aufmerksam und zeigt uns die Königin, die mit einem kleinen Fleck Nagellack gekennzeichnet wurde, um sie von den Tausenden von kleineren Arbeiterinnen besser unterscheiden zu können.

*Per-Ola entnimmt goldgelben Honig aus traditionellen Waben-
rahmen und füllt ihn in Gläser ab. Das Naturprodukt gibt es bei ihm
in drei verschiedenen Sorten – je nach Art der Blüten, aus denen
es gewonnen wird: Sommer-, Lavendel- und Lindenblütenhonig.*

Bienenstöcke sollten wöchentlich auf Überbevölkerung überprüft und
die größeren Königinnenwaben sollten zerstört werden – es sei denn,
man möchte die Kolonie vergrößern.

Die Varroamilbe bereitet Honigbienen weltweit Probleme, daher überprüft Per-Ola die Wabenbretter auf diese Schädlinge und bekämpft sie
wenn nötig mit Mineralöldämpfen.

Außerdem beurteilt er, wie viel Honig geerntet werden kann. Per-Ola
findet sechs erntereife Rahmen und bringt sie in den Bearbeitungsbe-
reich. Mit einem speziellen Messer befreit er die Rahmen an beiden
Seiten vom Wachs und hängt sie in einen metallisch glänzenden Zentri-
fugalextraktor. Sobald er rotiert, sammelt sich der Honig seitlich in der
Trommel und tropft in einen Eimer – so können jedem Rahmen etwa
zwei Kilogramm golden schimmernder Honig entnommen werden.

Im Laufe des Sommers, je nachdem, welche Blumen gerade blühen, produzieren die Bienen Honig mit etwas anderem Geschmack. Im Frühjahr fliegen sie bühende Weiden, Obstbäume, Rosmarin sowie Heidekraut an, im Mai Lindenbäume und im Spätsommer duftenden Lavendel. Teils verblendet Per-Ola seine Honigernten wie ein Winzer, aber die besten werden als Einzelblütenhonig verkauft, begehrt bei Honig-Liebhabern.

Die Bienensaison endet früh in Schweden, und sobald die kälteren Tage anbrechen, werden die Bienenstöcke winterfest gemacht. Die Eingänge werden mit abgeschrägten Holzblöcken und Metallstreifen verengt, um Mäuse abzuhalten, die sonst auf Honig-Raubzug gehen würden, sobald sich die Bienen in Winterstarre befinden. Bis der Frühling kommt und wieder Nektar verfügbar ist, bekommen Per-Olas Bienen eine Winterfütterung in Form von auf Stroh verteiltem Zuckersirup und der Imker

stört sie nicht – legt nur ab und zu eine Decke mehr über die Bienenstöcke, wenn die Temperaturen sinken. Er öffnet nie einen Stock, wenn es wirklich frostig ist, da Bienen sehr schnell auskühlen.

Während des Winters reinigt und überholt Per-Ola seine Ausrüstung und bestellt Samen und Pflanzen, um seine Erträge im nächsten Jahr zu optimieren. Kräuter wie Ysop, Thymian und Borretsch sind besonders vorteilhaft. Wenn Sie Bienen halten und die Vitalität Ihres Gartens erhöhen möchten, sollten Sie Gründünger wie Alfalfa, Phacelia oder Klee ansäen – die Bienen werden es lieben. Und Ihre Nachbarn werden Ihre Bienen zu schätzen wissen, die fleißig all die Pflanzen in den Gärten bestäuben. Ermutigen Sie sie dazu, auf Insektizide und Pflanzenschutzmittel zu verzichten und einheimische Blumen anzupflanzen, die Ihre Bienen die ganze Saison über mit Nahrung versorgen.

PRAXISTIPP:
EIN BIENENHOTEL BAUEN

Insekten sind lebenswichtig für die Nutzpflanzenbestäubung, daher sollten wir sie nicht vernachlässigen. Unsere Gärten sollten hilfreichen Bestäubern das ganze Jahr über Wasser, Nahrung und Unterschlupf bieten, sodass sie ein ruhiges Plätzchen zum Nisten und Überwintern finden. Lassen Sie abgeschnittene Äste und Steine liegen und belassen Sie Ihren Garten den Winter über unaufgeräumt. Bauen Sie ein Insektenhotel für Bienen und Schwebfliegen, denn es gibt mehr als 240 Arten von Wildbienen, die nicht in Stöcken leben. Folgende Materialien (vorzugsweise aus nicht mit Holzschutzmitteln behandelten Holzresten) benötigen Sie für Ihre Bienenresidenz:

- 1 dünneres Brett mit den Maßen 700 x 75 x 22 mm, in zwei Hälften geschnitten (als Seitenteile)
- 1 dickeres Brett mit den Maßen 330 x 75 x 38 mm, in Drittel geschnitten (als Verbindungsstücke)
- 12 Schrauben von etwa 50 Millimetern Länge
- einige hohle Zweige (als Niströhren), in 75 Millimeter lange Stücke geschnitten

Verwenden Sie als Niströhren keine Riesenbärenklau-Zweige, da diese bei Berührung Ihre Haut reizen können – besser geeignet sind hohle Brombeerzweige sowie Schilf- oder Bambusröhren.

1. Sägen Sie die Holzbretter zurecht (siehe S.120) und schrauben Sie die drei Verbindungsstücke an die beiden Enden und in die Mitte von einem der beiden Seitenteile.

3. Bohren Sie zusätzliche Löcher ins Holz (als Niströhren).

2. Befestigen Sie das übrig gebliebene Seitenteil mit Schrauben auf den Verbindungsteilen.

4. Tragen Sie Leim auf die zurechtgeschnittenen Hohlzweige auf und schichten Sie sie in das Bienenhotel.

5. Hängen Sie das Bienenhotel an einem Zaun oder an einer Wand an einem sonnigen, überdachten Platz (wenn möglich Südlage) etwa 30 Zentimeter hoch über dem Boden auf.

MAGISCHE VERWANDLUNG

Was auch immer Sie wo auch immer anbauen – bestimmte Basics sollten Sie beachten, um das Beste aus Ihrem Grundstück herauszuholen: Böden sollten mit Nährstoffen angereichert, Samen ausgebracht, bestäubende Insekten gefördert und Abfälle verkompostiert werden.

Natürlich können Sie Dünger, Kompost und Mulch auch fertig kaufen, ein Vermögen für kommerzielle Samen und Insektenbestäubung ausgeben und Ihre Abfälle von der Müllabfuhr abholen lassen. Aber warum nicht teures Geld sparen? Kleinbauern verfügen über generationenlange Erfahrung in Sachen Kompostieren, Saatgutproduktion, Düngen und Insektenpflege – und die Zufriedenheit, die mit diesen bewährten Praktiken einhergeht, macht einen Teil der Freude am Gärtnern aus.

Sämtliche Kleinbauern, die wir besuchten, haben Müll in fruchtbare Erde verwandelt, Samen des Erfolges ausgebracht und Hand in Hand gearbeitet, um ein hehres Ziel zu erreichen – Lebensmittel mit natürlichen und ökologischen Mitteln zu produzieren.

FANTASIEVOLLE FORMENVIELFALT

Auf den ersten Blick sieht der Garten von Charlotte und Donald Molesworth aus, als wäre er seit Generationen im Familienbesitz, als würde er von einer ganzen Schar von Gärtnern gepflegt und als wäre er das Produkt jahrelanger harter Arbeit. Natürlich haben die Molesworths Herzblut und Muskelkraft in ihren Garten investiert, aber erst Fantasie und Einfallsreichtum gaben ihm seine Seele.

Solch eine grüne Oase aus dem Nichts zu erschaffen ist eine Kunst – aber Donalds landwirtschaftlicher Hintergrund, Charlottes künstlerische Ader und ihre gemeinsame Liebe für die Schönheit der Natur lieferten genau die richtigen Voraussetzungen dafür. Die beiden entdeckten den alten Küchengarten 1983, ausgestattet mit einem baufälligen Gartenhaus, einem Stall und einer Töpferei und bewahrten das Anwesen vor dem Verfall. Da sie ihren Garten in den letzten 30 Jahren mit einem begrenzten Budget auf Vordermann gebracht haben, wurde das Projekt zu einem Exempel der Sparsamkeit.

Für die Molesworths ist »Shoppen-Gehen nicht der Schlüssel zur Zufriedenheit. Die Leute gehen achtlos an Sachen vorbei«. Und so wurden die Wege mit recycelten Ziegelsteinen gepflastert, die »für einige Sekunden überbrannt worden waren«. Gatter wurden aus Zaunlatten gebaut und Eingrenzungen aus selbst angebauten Haselruten. Dank Charlottes Einfallsreichtum wurde ein ehemaliger Tennisplatz zum Fruchtkäfig umfunktioniert, Plastikbehälter wurden in Wasserbottiche verwandelt und ein metallener Waschzuber dient als dekorativer Pflanz-

Mit kreativen Ideen und geldsparenden Tricks haben Charlotte und Donald einen prächtigen Garten mit fantasievollen Heckenskulpturen gestaltet.

behälter. Noch immer besuchen die beiden Hofversteigerungen und Bergehöfe, wobei sie einräumen, dass es heutzutage schwieriger ist, gute Stücke zu ergattern, weshalb sie empfehlen, auf Baustellen und Abbruchplätzen nach brauchbaren Agrar- und Industriefundstücken zu suchen.

Viele Hobby-Gärtner geben ein Vermögen für Samen, Kompost und Pflanzen aus. Donald und Charlotte aber setzen auf Komplett-Kompostierung, was bedeutet, dass sie all ihren Kleidungs-, Papier- und Kartonmüll zusammen mit Küchen, Garten- und tierischen Abfällen (von ihren betagten Jakob-, Shetland- und Soay-Schafen und den aus Legebatterien befreiten Hühnern) verkompostieren.

Die Molesworths sind überzeugt davon, dass natürliche Vermehrung das Geheimnis erfolgreicher Gartenarbeit ausmacht. Ihre eindrucksvollen Formschnitthecken wurden alle aus Stecklingen oder Sämlingen gezogen.

- Samen interessanter Sorten können an trockenen, sonnigen Tagen geerntet und in beschrifteten Briefumschlägen aufbewahrt werden.
- »Trockene« Samen, wie die von Hülsenfrüchten, Paprikas, Zwiebeln sowie den meisten Kräutern und Blumen, sollten an einem gut durchlüfteten Ort gelagert werden, bis ihre Hülsen oder Schalen vollständig getrocknet sind. Trennen Sie dann die Spreu von den Samenkörnern,

Bevor das nasse Herbstwetter einsetzt, erntet Charlotte Molesworth die trockenen Samen ausgesuchter, besonders prächtiger Pflanzen.

Die Bienenstöcke der Molesworths sind voll von Arbeitsbienen, die sicherstellen, dass alle Pflanzen während der Blüte bestäubt werden. Die Samen werden in wasserdichten, mit Leinen ausgekleideten Schubladen aufbewahrt, damit sie vor Schädlingen sicher sind.

indem Sie das Trockengut in eine Schüssel geben und sanft schütteln. Dadurch sinken die Samen zu Boden und Sie können vorsichtig die Spreu entfernen.

- »Feuchte Samen« wie die von Gurken- und Auberginen müssen vom Zellstoff ihrer Früchte befreit werden. Schaben Sie die Samen inklusive Fruchtfleisch in eine Schüssel und geben Sie Wasser dazu, sodass sie zu Boden sinken. Geben Sie die Samen in ein Sieb, spülen Sie sie sauber ab und lassen Sie sie auf einer beschichteten Platte an einem luftigen Ort trocknen. Bewahren Sie die Samen in Marmeladengläsern auf.

- Einige Samen (darunter die von Tomaten, Melonen, Kürbissen und Gurken) müssen fermentiert werden, um keimungshemmende Ummantelungen zu entfernen. Schaben Sie die Samenkerne inklusive Fruchtfleisch in ein Marmeladenglas, bedecken Sie sie mit Wasser und lassen Sie sie an einem warmen Ort fermentieren, bis sich auf der Oberfläche eine Schaumschicht gebildet hat. Nun lassen sich die Samenkerne wie oben beschrieben reinigen und trocknen.

- Bewahren Sie das Saatgut bis zur Aussat an einem vor Nagetieren sicheren Ort auf. Etwas Diatomeenerde (Kieselgur) verhindert Insektenbefall.

- Selbst gewonnenes Saatgut können Sie bei Gartenbesuchen mit Freunden tauschen und Sie haben immer ein tolles Geschenk parat.

Green & Serene
fine homegrown
plants

Pesticide Free

S.Henderson . 07738 515 263
GreenandSerene@hotmail.co.uk

FRISCHER MOST IN ALTEN FÄSSERN

Abfälle effektiv zu recyceln ist eine der größten Herausforderungen für Kleinbauern. Tierische und pflanzliche Abfallprodukte in Nützliches zu verwandeln, das umweltfreundlich unsere Böden fruchtbar macht und die Müllabfuhr entlastet, erfordert wohldurchdachte Planung.

Serena und Marcus Henderson beherrschen die Tugend der Resteverwertung in Perfektion. Sie mieten kleine Parzellen alter Obstgärten von lokalen Bauern an und verwandeln alte Apfelsorten in flüssiges Gold – hausgemachten Apfelmost. Die Früchte würden andernfalls ungenutzt verderben, da die Obstbauern mittlerweile niedrige Zwergbäume pflanzen, die leichter bewirtschaftet werden können. Einige Obstbauern aber hatten ein Faible für die magischen Orte mit den alten Baumbeständen und den traditionellen Sorten und überließen sie der Tierwelt.

Die Hendersons verwalten diese kleinen Nischen der Gartenbaugeschichte liebevoll und verdienen sich ihren Lebensunterhalt mit dem Verkauf von Cidre – online sowie auf lokalen Messen, Märkten und Festen. »Es begann als Hobby, aber mittlerweile können wir mit der Nachfrage gar nicht mehr Schritt halten«, sagt Serena. Sie sind überzeugt von regionaler Produktion und altehrwürdigen Apfelsorten, deren Saft sie auf traditionelle Weise mit Obstpressen gewinnen und in Fässern reifen lassen.

Serena und Marcus ermöglichen einer bunten Schar von Ziegen, Hühnern und Truthähnen einen schönen Lebensabend.

Einen Großteil der Abfälle aus der Mostherstellung verfüttert ein lokaler Hirte den Winter über an seine Herde. Den Rest verkompostieren die Hendersons auf ihrem stattlichen Misthaufen unter den Obstbäumen, zusammen mit dem Mist der geretteten Ziegen, viel geliebten Hennen und des fabelhaften Bourbon Red-Truthahns »Barney«, der selbst an Weihnachten nichts zu befürchten hat. Hier landen sämtliche Küchen- und Gartenabfälle und der Kompost wird regelmäßig mithilfe eines alten Traktors gewendet. Sobald die Komposterde fertig ist, pflanzt Serena fabelhafte Kürbisse darauf an. Sie zieht die Sämlinge in großen Töpfen heran und setzt sie dann auf den fruchtbaren Erdhügel um – so gedeihen die Kürbisse kräftig, schädlingsfrei und es macht Spaß, ihnen beim Wachsen zuzusehen.

Ich züchte selbst immer ein paar Kürbisse auf meinem eigenen kleinen Komposthaufen und ihre Ranken wuchern über die Benjeshecke hinten in meinem Garten. Die jungen Triebe können als Beilage gedünstet und die Kürbisse selbst in deftigen oder süßen Gerichten verarbeitet, zu Marmelade eingekocht oder, in den Händen von Experten, sogar in Most verwandelt werden.

Die meisten Böden können durch Zugabe von organischem Dünger verbessert werden; er erhöht Nährstoffgehalt und Substanz zu sandiger Böden und lockert Lehmböden auf. Stallmist mit Einstreu aus organischen Materialien wie Stroh, Papier, Karton oder Hanf ergibt wunderbaren Gartendünger, sollte aber möglichst abgedeckt verkompostiert werden. Holzspäne und Sägemehl werden häufig mit Holzschutzmitteln behandelt und benötigen Ewigkeiten, um zu verrotten, daher eignen sie sich nicht für den Kompost.

- Pferde- und Kuhdung sind als Bodenverbesserer besonders wertvoll, sollten aber abgedeckt verkompostiert werden, da sie an Güte verlieren, wenn sie nass werden. Ziegen- und Schafmist sind reich an Stickstoff. Schweine-, Katzen- und Hundekot sollten aus seuchenrechtlichen Gründen vermieden werden. Pferdemist enthält immer Unkrautsamen.
- Geflügelmist hat den höchsten Stickstoff- und Phosphorgehalt und seine Nährstoffe sind für Pflanzen schnell verfügbar. Er sollte an einem trockenen Ort gelagert werden. Lassen Sie ihn verkompostieren, da frischer Hühnermist Pflanzen verätzen kann, und düngen Sie dann damit im Verhältnis 600 Gramm pro Quadratmeter Erde. Der Kot von frei laufendem Geflügel kann Unkrautsamen enthalten. Gülle aus intensiv bewirtschafteten Vogelfarmen sollte vermieden werden.
- Algen eignen sich fast ebenso gut als Dünger wie Bauernhofmist, obwohl sie weniger Phosphate, dafür aber mehr Kaliumcarbonat enthalten.
- Lassen Sie jegliche Sorte von Mist unter Schichten von Einstreu und Gartenabfällen verkompostieren und verwenden Sie Mist niemals frisch.

Traditionelle Apfelsorten werden gepresst, vergoren und auf lokalen Festivals und Messen als Cidre verkauft. Die Abfallprodukte aus der Mostherstellung werden zusammen mit Tierdung verkompostiert.

PRAXISTIPP:
BRENNNESSELJAUCHE ANSETZEN

Brennnesseln sind zwar in vielen Gärten als Unkraut eher unbeliebt, ergeben aber einen hervorragenden natürlichen **Pflanzendünger**. Ziehen Sie sich Ihre Gartenhandschuhe über, schneiden Sie junge Brennnesseltriebe ab (diese zersetzen sich schneller) und brechen Sie die Fasern der Stängel mit der Hand auf (oder fahren Sie mit einem Rasenmäher darüber). Geben Sie die Triebe in einen Eimer, beschweren Sie sie mit einem Ziegelstein oder einem Blumentopf und bedecken Sie sie mit Regenwasser. Stellen Sie den Eimer in die hinterste Ecke des Gartens, da die Brennnesseljauche in den 3–4 Wochen, die sie zum Fermentieren braucht, unangenehm zu müffeln beginnt. Verdünnen Sie die fertige Jauche mit Wasser (ein Teil Brennnessel Saft zu zehn Teilen Wasser), sodass sie wie dünner Tee aussieht. Verwenden Sie die Lösung zum Gießen Ihrer Gemüsepflanzen und profitieren Sie vom wertvollen Mineralstoffgehalt der Nesseln.

Alternativ können Sie die Jauche auch im Verhältnis 1:20 verdünnen und als natürliches **Pflanzenschutzmittel** auf die Blätter Ihrer Nutzpflanzen sprühen.

1. Ziehen Sie sich Gartenhandschuhe über und schneiden Sie
   eine Reihe junger Brennnesseltriebe (ohne die Wurzeln) ab.

2. Brechen Sie die Fasern der
   Blätter und Stängel durch Ver-
   drehen auf. Legen Sie sie in
   einen Eimer und beschweren
   Sie sie mit einem Ziegelstein.

3. Bedecken Sie die Nesseln mit
   Wasser und lassen Sie sie für
   3–4 Wochen an einem Ort fermentieren, an dem der Geruch
   niemanden stören kann.

4. Verdünnen Sie die Jauche im
   Verhältnis 1:10 mit Wasser und
   düngen Sie damit Ihre Pflanzen, oder verdünnen Sie sie im
   Verhältnis 1:20 und verwenden
   Sie die Lösung als Pflanzen-
   schutzspray.

GÄRTNERN UNTERM BLÄTTERDACH

Mein Sohn Jacques gärtnert erst seit Kurzem – und das auf einem schattigen Grundstück unter riesigen Eichen. Sein Plan ist es, Nahrungsmittel unter den Bäumen anzubauen, indem er (ähnlich wie in einem Waldgarten) Obst- und Nussbäume, Kräuter, Rankpflanzen und Gemüse in gestaffelten Schichten unter dem Blätterdach anbaut. Unter dem Baldachin der Eichenbäume hat er bereits heimische Sorten von Haselnusssträuchern und Hollerbüschen angepflanzt.

Diese Form des Gartenbaus ist eine unkomplizierte Art und Weise, Lebensmittel anzubauen, und macht nur anfangs ein wenig Mühe. Sie arbeitet mit den Prinzipien der Natur und ahmt die Vegetationsstrukturen eines natürlichen Waldes nach. In vielen Kulturen wurde Nahrung auf diese Weise angebaut; nur in der westlichen Landwirtschaft setzte man auf Monokulturen. Um das Gelände optimal zu bewirtschaften, wird der Waldgarten in sieben Stockwerke gegliedert:

- **Kronenschicht**: hohe Solitärbäume
- **Horstschicht**: niedrige, schattenresistente Obst- und Nussbäume
- **Staudenschicht**: niedrige Sträucher wie beispielsweise Himbeeren, Johannisbeeren und Ölweiden
- **Krautschicht**: Kräuter and mehrjährige Gemüse – Zwiebeln und Artischocken
- **Vertikale Schicht**: Kletterpflanzen und Rankgewächse wie Japanischer Wein und Kiwis
- **Bodenschicht**: Kriechpflanzen wie beispielsweise Erdbeeren
- **Wurzelschicht**: Wurzelgemüse und Pilze

Grünabfälle werden zum Verrotten
zurückgelassen und dienen in Form
von Mulch als Mineralstoffdünger.

Hier wird kein Platz
verschwendet: Kür-
bisse gedeihen auf
dem Komposthaufen
und ranken sich
den Zaun entlang.

Einmal eingerichtet, muss man diese Art von Garten weder gießen, jäten noch düngen. Durch den jährlichen Laubfall und mineralstoffreichen Gründünger in Form von stickstoffhaltigen Pflanzen wie Ölweiden und Klee versorgt sich die Permakultur selbst mit Nährstoffen. Der Waldgarten ist auch ein guter Platz zum Spielen für Kinder und bietet Tieren Unterschlupf. Zu Beginn muss Jacques die lehmige Bodenstruktur durch die Beimengung von Laub und Kompost verbessern.

Da er Küchen- sowie Gartenabfälle recyceln möchte, hat er ein cleveres System entwickelt. Vor dem Zaun am Ende des Gartens hat er eine Benjeshecke errichtet, hinter der er über Jahre Zweige verrotten lassen kann, die für den Kompost zu groß und als Feuerholz zu klein sind. Gleichzeitig entsteht auf diese Weise ein effektiver Windschutz und Lebensraum für Insekten (insbesondere Käfer) sowie Vögel.

Vor der Hecke wurden drei Kompoststationen aus Holzpaletten errichtet, in denen Gartenabfälle verrotten. Mit Schichten von grünen und braunen Gartenab-fällen (siehe unten) und Mist von meinen Hühnern produziert Jacques einen krü-meligen Mulch, den er als Schicht auf den bestehenden Boden aufbringt und von Insekten und Würmern (also ohne selbst umgraben zu müssen) unterheben lässt. Er mulcht auch die Beete, in denen er vorübergehend seine Beerensträucher und Rhabarberstauden anpflanzt, bis der Boden so weit ist.

Laub wird in großen Gartensäcken gesammelt, um als Laubkompost die Boden-qualität zu verbessern. Eichenlaub benötigt mehr als ein Jahr zum Verrotten, Eschen- und Holunderblätter brauchen nicht so lange. Hilfreich ist es, die Blatt-fasern durch Überfahren mit einem Rasenmäher aufzubrechen.

Da Jacques' junge Familie große Mengen von Lebensmittelabfällen produziert, hat er in einen 200-Liter fassenden Thermokomposter investiert, der Abfälle auf 60 °C erwärmt und Kompost in nur 90 Tagen produziert. Küchenabfälle werden in Kombination mit Füllstoffen (geschredderten braunen Gartenabfällen) und zer-fetzten Papier- und Kartonresten hineingeschichtet – so wird der Hausmüll redu-ziert und der Kompost verbessert die Fruchtbarkeit des Waldgartens.

Grünabfälle
Reich an Stickstoff: Tierdung, Stauden und einjährige Pflanzen, Gemüse- und Obstschalen, Teeblätter und Kaffeesatz, Grasabfälle und weiche Heckenabschnitte.

Braunabfälle
Reich an Kohlenstoff: geschredderte Pappe und Papier, Watte, Eierschalen und -kartons, Haare, Stroh, Holzasche, Zweige, Sägemehl und Stängel.

Diese Lauchblüten werden zur Reife gebracht, um Samen zu gewinnen und locken dabei Hummeln an.

EINE OASE FÜR BESTÄUBER

Der Abbey Physic Community Garden in Kent stellt als gemeinnützige Organisation eine angenehme Beschäftigungsumgebung für Erwachsene mit psychischen Problemen und für sozial isolierte Menschen zur Verfügung. Jedoch stehen die Tore des beschaulichen, von alten Mauern umgebenen Gartens allen offen. Freiwillige sind herzlich willkommen und das Projekt hat für seine Bemühungen, allen Mitgliedern der lokalen Gemeinschaft behilflich zu sein (einschließlich der Tiere, Insekten und Vögel), schon diverse Auszeichnungen erhalten.

Die Leute denken oft, dass ein wildtierfreundlicher Garten ein unordentlicher Garten ist. Dem ist aber nicht so: Praktisch jedes Gelände kann mit drei einfachen Mitteln in ein Paradies für Insekten, Vögel und andere Spezies verwandelt werden: Wasser, Nahrung und Unterschlupf. Der Abbey Physic Community Garden verfügt nicht nur über einen Gemüsegarten, Obstbäume, Blumen und Kräuter, sondern ist ein kleines Paradies. Das zeigt, dass ein paar Änderungen in der Art und Weise, wie Sie Ihren Garten gestalten, den Kreaturen, die darin leben, immens helfen können – mal abgesehen vom Verzicht auf die Verwendung von Pestiziden und Pflanzenschutzmitteln.

Für den Anbau jeglicher Obst- und Gemüsesorten benötigen Sie Insekten, die Ihre Pflanzen bestäuben, sodass sie Früchte und Samen produzieren. Die Nahrungs- und Nistressourcen für Wildbienen und andere bestäubende, sich von Nektar und Pollen ernährende Insekten haben in den letzten Jahrzehnten dramatisch abgenommen – vor allem Hummeln (immens wichtig, um frühblühende Obstbäume zu bestäuben), Wildbienen, Schwebfliegen, Schmetterlinge, Falter und Pollenkäfer gibt es immer weniger. Dabei ist es prinzipiell ganz einfach, Insekten das ganze Jahr über Nahrungspflanzen und Lebensraum zur Verfügung zu stellen. Bauen Sie Insektenhotels und türmen Sie kleine Stein- und Holzhaufen als Unterschlüpfe in Ihrem Garten auf.

Die Haltung von Honigbienen kann eine Antwort auf das Problem der Fruchtbestäubung liefern, aber die Insektenvielfalt im Allgemeinen zu fördern ist eine weitere Option. Der Abbey Physic Community Garden hat sich dafür entschieden, eine große Vielfalt unterschiedlicher Pflanzen anzubauen, die das ganze Jahr über Pollen und Nektar liefern – beginnend mit Mahonien, Wildkirschen und Lungenkraut bis hin zu spät blühendem Efeu.

Insekten benötigen nicht nur das ganze Jahr über Nahrung, sondern auch Unterschlupf. Bauen Sie Insektenhotels und türmen Sie kleine Haufen von Holz oder Steinen auf.

Listen von wildtierfreundlichen Blumen findet man auf vielen Webseiten. Bäume, Kletterpflanzen und Sträucher sind ebenfalls von unschätzbarem Wert für Insekten, vor allem in städtischen Gebieten.

Um besonders effektiv die Fauna in Ihrem Garten zu fördern, können Sie einen Teich anlegen, da Insekten Wasser brauchen. Im Abbey Physic Community Garden gibt es einen kleinen Teich mit Wasserpflanzenbewuchs und flachen, seichten Ufern, die jedem Tier Zugang gewähren – nicht nur, um Amphibien Lebensraum zu bieten, die diejenigen Insekten fressen, die Sie weniger schätzen – hier kann alles, was kriecht, summt und brummt haltmachen und sich einen Schluck genehmigen. Komposthaufen locken Würmer und Nattern an, die Ihren Garten von Schädlingen befreien.

Ein Totholzhaufen in der einen und ein Steinhaufen in der anderen Ecke bieten Lebensraum und Brutplätze für weitere Insekten, und im

Wasser ist für Insekten, Amphibien, Vögel und Säugetiere gleichermaßen lebenswichtig.

Gemeinschaftsgarten wurden eine Reihe von Käferhotels aus alten Paletten aufgestellt, deren Vertiefungen mit recycelten Materialien gefüllt sind (so beispielsweise hohle Stängel, gestapelte Fliesen, Bambusstäbe, Lochziegel, Kartonröhren, Stroh und kleine Blumentöpfe). Eine Benjeshecke aus abgeschnittenen Zweigen, die zum Verkompostieren zu groß und als Feuerholz zu klein sind, sorgt außerdem für Unterschlüpfe und Nistplätze.

Ein kleines Stück ungemähte Wildgraswiese bietet Insekten Nahrung und Schutz, und wenn Sie Gräser und Gartenpflanzen unbeschnitten überwintern lassen, schaffen Sie damit der Insektenwelt wertvollen Lebensraum. Lassen Sie Gänseblümchen und Löwenzahn im Rasen wachsen, wie man es im Abbey Physic Community Garden macht, und ermöglichen Sie es hilfreichen Bienen und Käfern dadurch, stets Nektar zu finden.

- Mauerbienen lieben kleine Steinhaufen oder 15 Zentimeter tiefe Löcher in Holz.
- Blattschneiderbienen nisten vorzugsweise in Löchern in totem Holz oder alten Mauern.
- Komposthaufen eignen sich als Nistplätze für Schwebfliegen, deren Larven sich von verrottenden, organischen Stoffen ernähren.
- Solitärbienen bauen für ihre Nachkommen einzelne Nester in hohlen Stängeln oder in Holzlöchern an warmen, sonnigen Standorten.
- Florfliegen und Marienkäfer fressen Blattläuse. Sie leben gern in gerollter Wellpappe oder in gebündelten hohlen Zweigen.
- Hummeln nisten mit Vorliebe in einem verkehrt herum aufgehängten Blumentopf und nutzen das Abflussloch als Eingang. Meine leben in den Lüftungsziegeln am Fundament meines Hauses.

Gemeinsam betriebene Landwirtschaft sorgt für reiche Ernte und nette Gesellschaft.

EIN BIO-HOF FÜR DREI

Einige Winter zuvor hatten Fotograf Bill Mason und seine Nachbarn Phil und John um seinen Küchentisch gesessen und sich darüber unterhalten, wie viel Freude es machen könnte, selbst Lebensmittel anzupflanzen und großzuziehen. Alle drei waren begeisterte Smallholder und hielten ein paar Tiere, aber sie fragten sich, ob sie nicht um einiges produktiver wirtschaften könnten, wenn sie Land und Arbeitskraft vereinen und gemeinsam einen kleinen Bauernhof gründen würden.

Nachdem die drei Freunde sich einige Male in der örtlichen Kneipe getroffen und Pläne geschmiedet hatten, beschlossen sie, Bills vier Hektar große, halb verfallene Obst- und Nussplantage dafür zu nutzen, diejenigen Lebensmittel mit den eigenen Händen zu produzieren, die sie am liebsten essen. Sie entschieden sich für Schweine für die Wurstherstellung, Gänse für besondere Anlässe, sowie Früchte, Nüsse und Gemüse.

Sie eröffneten also ein gemeinsames Bankkonto und investierten zu gleichen Teilen in Lagerräume, Zaunbauten und Futtermittel. Anschließend entwickelten sie einen Arbeitsplan, der auf ihre jeweiligen Fähigkeiten abgestimmt war: Bill war für Gemüse sowie die vorhandenen Obst- und Nussbäume zuständig; Phil hielt bereits erfolgreich eine Gänseherde und John gefiel die Idee, etwas in Sachen Schweinezucht und Wurstherstellung zu lernen. Natürlich wollten sie sich wenn nötig gegenseitig helfen und die Anfangsarbeiten gemeinsam stemmen.

In jedem Land gibt es unterschiedliche Vorgaben für das Halten, Transportieren und Verkaufen von Nutztieren, und diese Richtlinien müssen strikt eingehalten werden – sich hiermit vertraut zu machen war eine der ersten Aufgaben des Trios, denn in Großbritannien müssen Geflügelherden mit mehr als 50 Tieren registriert werden, und für die Schweine-, Rinder-, Schaf- oder Ziegenhaltung müssen Registriernummern beantragt werden.

Viehhaltung ist um einiges einfacher, wenn man Arbeiten wie Füttern, Tränken und Ausmisten untereinander aufteilt.

Als Nächstes wurde ein stabiles Betonfundament am Rand des Obstgartens in Nähe der Zapfstelle errichtet, um dem schlammigen Untergrund beizukommen und Platz für zwei Schweine-Unterstände sowie Futterstellen zu schaffen. Die Parzelle daneben wurde mit Elektrozäunen umsäumt und zum Gemüsegarten erkoren, der im nächsten Jahr bepflanzt werden sollte, sobald die Schweine das Land geräumt und gerodet hatten.

Dann wurde Phils bestehende Gänseherde in einer Ecke des Obstgartens untergebracht. Hierfür wurde ein Gehege neben dem Teich eingerichtet, außerdem wurde ein Holzstall mit breiter Tür gebaut (im Gegensatz zu den meisten anderen Geflügelarten benötigen Gänse mehr als nur ein kleines Einschlupfloch) und mit trockenem Stroh als Einstreu ausgelegt. Die Herde sollte tagsüber das Gras im Obstgarten abweiden und die Nächte im Stall verbringen (Gänse sind wachsame Geschöpfe – halten Sie sie lieber zum Schutz vor Einbrechern und nicht zur Steigerung Ihrer Schlafqualität).

Gänse brauchen Gras, Getreide, Sand und Wasser. Sie sind Pflanzenfresser (weniger Omnivoren, wie die meisten anderen Geflügelarten), die großzügige, gut rotierende Weideflächen benötigen, ergänzt um morgendliche und abendliche Zufütterung von einem Gemisch aus 80 Prozent Menggetreide und 20 Prozent Pellets (erhöhen Sie den Pellet-Anteil, wenn Sie Eier möchten). Bewahren Sie alle Futtermittel in vor Ungeziefer sicheren Metallbehältern auf.

Eine Gänseherde passt gut in einen gemischten Kleinbauernhof und hält das Gras viel kürzer als andere Weidetiere. Gänse werden in einem Obstgarten regelrecht aufblühen und das Fallobst aufschnäbeln. Sie gedeihen nicht auf mageren Weiden, daher sollten Sie, sobald das Gras im Winter seine Güte verliert, Blattgemüse sowie Menggetreide oder Pellets zufüttern. Seien Sie gewarnt, dass Gänse jede Menge Chaos stiften können – ermutigen Sie sie nicht zum Zwischendurch-Naschen.

Sauberes Trinkwasser ist von wesentlicher Bedeutung für Wasservögel und sie benötigen einen großen Teich für ihre Körperpflege und ihr allgemeines Wohlbefinden. Gänse bauen im Frühjahr ein Gelege mit einigen Eiern (obwohl einige Rassen wie Chinese Browns bis um die 60 Stück legen können), die sich hervorragend zum Backen eignen. Sie müssen keinen Ganter für Ihre Gänse halten, aber wenn Sie einen haben und die Eier fruchtbar sind, können Sie die Gänsemütter Ihre eigene Herde für das nächste Jahr ausbrüten lassen.

Teure Landwirtschaftsmaschinen, Ställe und Gehege sind realisierbar, wenn Kosten und Wartung unter Freunden aufgeteilt werden.

Phil kauft im Frühjahr befruchtete Eier, lässt sie in Brutkammern schlüpfen, zieht die Gänseküken unter Wärmelampen groß, führt sie den Sommer und Herbst über auf die Weide und bringt sie dann nach zehn Monaten zum Schlachter. Vor der Schlachtung sollten Vögel jeglicher Art für zwölf Stunden nicht gefüttert werden, aber Zugang zu Wasser haben.

Einen nahe gelegenen Schlachthof auszuwählen ist einer der wichtigsten Punkte, wenn es um die Haltung von Tieren für die Fleischproduktion geht, und es sollte eines der Hauptkriterien sein, wenn zu diesem Zweck Land gekauft wird. Bei Gänsen ist Hofschlachtung möglich und diverse Webseiten geben hierfür ausgezeichnete Ratschläge, aber informieren Sie sich zunächst in einem Kurs darüber, wie man es richtig macht.

John belegte einen Kurs in Sachen Schweinehaltung und lernte, wie man Fleisch- und Wurstwaren herstellt. Die Freunde beschlossen, sechs pflegeleichte Saddleback-Mastläufer (Sauen und Eber gemischt) von einem lokalen Schweinezüchter zu kaufen, aber Landwirtschafts-Webseiten bieten eine Vielzahl von Rassen an. Mastläufer sind zehn Wochen alt, gut entwöhnt und robuster als Aufzuchtferkel, die nur 6–8 Wochen alt sind.

Behörden wurden kontaktiert, Halter- und Herdennummern angefordert und die Tiere markiert. Den ganzen Sommer über wurde die Herde auf mit Elektrozäunen umgrenzten Flächen bewegt, die später neu bepflanzt werden sollten. Wasser bekamen die Schweine mittels einer Nippel- und einer Fasstränke zur Verfügung gestellt, gemästet wurden sie mit Ferkelstarter-, dann Aufzuchtfutter, Gemüseresten und Fallobst. Schweine können mit Abfällen aus dem Garten, nicht aber aus der Küche gefüttert werden.

Niemand fand es schön, sie gehen zu lassen, aber im Herbst hatte die Herde den Boden in einen Morast verwandelt. John stellte den Anhänger in die Koppel, fütterte die Tiere ein paar Tage lang darin, um sie daran zu gewöhnen, und ab ging's zum Schlachthof. Er kaufte die Kadaver am Stück zurück, um sie selbst weiterzuverarbeiten, weil das Fleisch für den Hausgebrauch bestimmt war. Bill, Phil und John und ihre Familien genossen die Produktion ihres ersten Jahres, lagerten sie in zusätzlichen Gefrierschränken ein und schmiedeten Pläne für die Zukunft.

Gänse brauchen nur wenig Wasser, um sich damit zu putzen und ihre Köpfe hineinzutauchen, aber man sollte sie nicht um das Vergnügen eines Teiches bringen.

PRAXISTIPP:
EINE BENJESHECKE ERRICHTEN

Eine Totholzhecke ist eine wunderbare Möglichkeit, um langsam Holz zu verkompostieren, das für einen Kompostbehälter zu sperrig und als Feuerholz zu dünn ist. Sie teilt als praktische, natürliche Barriere Teile des Gartens voneinander ab und ist der perfekte Lebensraum für Insekten und kleinere Wildtiere – vor allem, sobald die unteren Stücke zu verrotten beginnen. Wenn Sie hohle Stängel und Äste in die Hecke mit einbringen, können bestäubende Insekten darin nisten und überwintern.

Diese Benjeshecke ist zwischen einem Zaun und der Rückseite des Komposthaufens gelegen. Der Raum ist besonders nützlich, wenn Sie Ihren Garten auf Vordermann bringen, da er sperrigen Gartenabfällen Platz bietet und die Müllabfuhr entlastet. Außerdem sind Benjeshecken eine gute Möglichkeit, gewisse Bereiche des Gartens gegen Blicke abzuschirmen oder als Abzäunung einen Teich zu sichern.

1. Installieren Sie zwei Reihen von mit Wetterschutzmitteln behandelten Holzpfosten in 1 Meter langen Abständen im Erdreich. Lassen Sie zwischen den beiden Reihen einen 50 Zentimeter breiten Spalt in der Mitte.

2. Schichten Sie Äste und Zweige zwischen den Pfosten auf.

3. Schichten Sie die Hecke bis gewünschten Höhe auf.

4. Die unteren Schichten werden nach und nach verrotten, sodass von oben Material nachgefüllt werden kann.

NÜTZLICHE ADRESSEN

Links zu den Blogs und Webseiten der in diesem Buch vorgestellten Projekte

- abbeyphysiccommunitygarden.org
- bluehenflowers.com
- brooklynfarmgirl.com
- davenportvineyards.co.uk
- globalgeneration.org.uk
- heallocal.com
- hencorner.com
- kentcider.co.uk
- kentcollege.com
- maddocksfarmorganics.co.uk
- royalmail.com.au
- samphireshop.co.uk
- thepighotel.com
- thepottingshedholidaylet.com

Allgemeines

Alte Haustierrassen
- alte-haustierrassen.de
- arche-warder.de
- bauernhofmuseum.de
- g-e-h.de (Gesellschaft zur Erhaltung alter und gefährdeter Nutztierrassen e.V.)
- haustierpark.com
- livestockconservancy.org (Organisation zum Erhalt seltener Nutztierrassen in Großbritannien)
- provieh.de
- rbst.org.uk (Rare Breeds Survival Trust Großbritannien)
- rbta.org (Rare Breeds Trust Australia)
- vieh-ev.de

Behördliche Vorgaben (für Deutschland)
- ble.de (Infos der Bundesanstalt für Landwirtschaft und Ernährung bezüglich Fleischklassifizierung, Vermarktungsnormen, Holzhandel, Tierschutz, EU-Qualitätskennzeichen und vieles mehr)
- bll.de (Bund für Lebensmittelrecht und Lebensmittelkunde e.V.)
- gesetze-im-internet.de (Online-Version der in Deutschland gültigen Tierschutz-Nutztierhaltungsverordnung)
- landwirtschaftskammer.de (Infos in Sachen Nutztierregistrierung, Viehverkehrsordnung und Tierseuchenkassennummern)

Bienen
- deutscherimkerbund.de
- bbka.org.uk
- beeurban.se
- bienenkiste.de
- deutschland-summt.de
- imkerpate.de
- neuimker.de
- selbstversorger.de
- stadtbienen.org
- stadtimker.de

Blumen
- bioblumen.fibl.org
- flowersfromthefarm.co.uk
- flowowers.co.uk
- oeko-fair.de
- utopia.de

Dünger
- bodenfruchtbarkeit.org
- bio-duenger.de
- bio-duenger.net
- nachhaltigleben.ch
- urbanfarmer.de

Erlebnis- und Schulbauernhöfe
- erlebnis-bauernhof.bayern.de
- internationaler-schulbauernhof.de
- landwirtschaft-macht-schule.com
- lernenaufdembauernhof.de
- lernerlebnis-bauernhof.de
- lernenaufdembauernhof.de
- lernort-bauernhof.de
- lfl.bayern.de
- schulbauernhof.de

Geflügel
- bauernhahn.de
- gaensevater.de
- gartenhuehner.de
- goose.org
- huehner-haltung.de
- huehner-info.de
- nutzgefluegelforum.de
- selbstversorger.de

Gemeinschaftsgärten
- communitygarden.org
- interkulturelle-gaerten.ch
- transition-initiativen.de
- überland.com

Kompost
- kompost-tipps.de
- kompost.de
- krautundrueben.de
- thermokomposter24.de

Konservieren
- bvl.bund.de
- einkochautomat-kaufen.de
- einkochen-einwecken.de
- einkochhelden.de
- fischraeuchern.com
- haushaltstipps.com
- raeucherofen-tipps.de
- wunderkessel.de

Kräuter
- bio-gaertner.de
- bio-saatgut.de
- kraeuter-entdecken.de
- kraeuterfeld.de
- kraeutergarten.com

Kurse
- demeter.de
- ernaehrungswirtschaft.de
- landwirtschaftskammer.de
- lfi.at (Ländliches Fortbildungsinstitut Österreich)
- nebeginningfarmers.org/online-courses
- stmelf.bayern.de (Bayerisches Staatsministerium für Landwirtschaft und Forsten)

Naturgärten
- umweltbildung.bayern.de

Naturgärten
- naturgartenfreude.de
- naturgarten.org

Nüsse
- alternative-lebensweisen.de
- baumkunde.de
- nutzpflanze.org
- waldwissen.net
- walnussbaum.info

Nutztierschutz
- americanhumane.org
- aspca.org (American Society for the Prevention of Cruelty to Animals)
- bmt-tierschutz.de
- bv-tierschutz.de
- hsa.org.uk (Humane Slaughter Asssociation)
- provieh.de
- tierschutz-tvt.de
- tierschutzbund.de

Obstbäume und -sträucher
- alte-obstsorten.de
- biogartenversand.de
- mundraub.org
- pomologen-verein.de

Open-air-Küchen, Grills & Holzfeueröfen
- anevay.co.uk
- buckstove.com
- feuer-fuchs.de
- kaminofen-store.de
- wildstoves.co.uk

Permakulturen
- gartenbesuch.de
- permakultur-akademie.net
- permakultur-info.de
- permakultur-institut.de
- permakultur.net

Pollination (Bestäubung)
- aktion-hummelschutz.de
- bestaeubungsimker.de
- bund.net
- das-hummelhaus.de
- deutscherimkerbund.de
- hummelfreund.com
- naturgartenfreude.de
- wildbienen.de
- wildlifetrusts.org

Saften & Mosten
- experimentselbstversorgung.net
- mundraub.org/mostereien

Samen
- dreschflegel-saatgut.de
- magicgardenseeds.de (seltene alte Nutzpflanzensorten)
- nutzpflanzenvielfalt.de
- syringa-pflanzen.de (alte und seltene Gemüsesorten)
- rareseeds.de (seltene Samen aus aller Welt)

Schafe
- agrarheute.com
- bhg-schafzucht.de
- genuss-vom-schaefer.de
- natuerliche-wolle.de
- schafzucht-online.de

- suffolkzucht.de
- vieh-ev.de
- weidewelt.de

Schrebergärten & Kleingärten
- derkleinegarten.de
- gardenorganic.org.uk
- gartenfreunde.de
- permakultur.ch
- schrebergarten-portal.de
- urbanagriculturebasel.ch

Schweine
- mein-eigenes-schwein.de
- rund-ums-schwein.at
- schweinefreunde.de
- weideschweine.de

Selbstversorgertum & Mini-Landwirtschaft
- accidentalsmallholder.net (Kurse für Smallholder in Schottland)
- countryfarm-lifestyles.com (Tipps für Selbstversorger und Mini-Landwirte in den USA)
- countrysidenetwork.com (Anleitungen zum Halten von Geflügel, Schweinen und Kaninchen plus eine Liste von Züchtern in den USA)
- hobbyfarms.com (Tipps zum Anbau von Obst, Nüssen und Gemüse in den USA)
- hobbydierhouder.nl (holländischer Hobby-Tierhalter-Verein)

- molevalleyfarmers.com (Online-Shop für für Garten- und Landwirtschaftsbedarf)
- runtervomnetz.de
- selbstversorger.de
- smallplotbigideas.co.uk (Links zu britischen Smallholder-Netzwerken)
- traumselbstversorger.wordpress.com

Urbane Gärten
- anstiftung.de (Praxistipps, Workshops und vieles mehr)
- farmgarden.org.uk (britische Vereinigung, die Stadtbauernhöfe und Stadtgärten fördert und vertritt)
- urbanfarming.org (Stadtbauernhöfe in den USA)
- greencity.de (Umweltbildung für Kinder und Erwachsene)
- o-pflanzt-is.de (städtische Gemeinschaftsgärten in München)
- urban-gardening.eu

Volonteering & Farmarbeit
- farmarbeit.de
- workaway.com

Waldgärten & Permakulturen
- essbarer-waldgarten.de
- permakultur.ch

- permakultur.de
- permakultur.net
- permakulturtirol.at
- permavitae.org
- permakultur-landwirtschaft.org
- waldgarten.de
- waldrandgarten.de

Wein
- dwv-online.de (Deutscher Weinbauverband)
- ukva.org.uk (United Kingdom Vineyard Association)

Ziegen
- bundesverband-ziegen.de
- naturland.de
- oekolandbau.de
- selbstversorger.de
- tiroler-ziegenzuchtverband.at
- ziegenzucht-bayern.de

AUTOREN & DANK

Fotografie von Charlie Colmer

TEXT VON
FRANCINE RAYMOND

Einen blühenden Garten zu haben ist eine der größten Freuden für Francine. Sie schreibt im *Sunday Telegraph*, der *Gardens Illustrated* und dem Blog »kitchen-garden-hens.co.uk« über ihre Erfahrungen. Nachdem sie ein Leben lang ein Gelände in Suffolk mit Hühnern und Enten bevölkert hat, gärtnert sie mittlerweile in einem kleinen, an der Küste gelegenen Stadtgarten in Whitstable – unterstützt von ihren Enkelkindern und einer kleinen Schar von Bantam-Hühnern.

DANK

Ich danke euch vielmals dafür, dass ihr uns in eure Gärten, Kleinbetriebe und Leben habt eintreten lassen – ohne eure Geschichten, Reisen und Erfahrungen würden diese Seiten nicht existieren; ohne das Know-how all der Leute bei Pavilion wäre dieses Buch eine schöne Idee geblieben und ohne Bill Mason, der alles so gekonnt fotografiert hat, wäre es nie entstanden. Ich hoffe, dass dieses Buch die Leser dazu inspirieren wird, sich mit eigener Hand an das Anbauen und Großziehen von Nahrungsmitteln heranzuwagen, im Bewusstsein dessen, dass Lebensmittel, die mit Liebe und Sorgfalt produziert werden, besser schmecken und das Leben aller, die sie genießen, bereichern.

Fotografie von Annalisa Mason

BILDER VON
BILL MASON

Der Fotojournalist und Fotograf Bill Mason genießt es, Lebensmittelhersteller sowie Handwerker zu treffen und deren Können zu dokumentieren. Inspiriert von ihrer Lebensweise, führt er mittlerweile einen Kleinbauernhof in Kent, wo er Schweine hält sowie Obst und Gemüse für seine Familie anbaut. Er lebt abwechselnd in Großbritannien und in Schweden.

WEITERE BILDNACHWEISE

S. 24–27: Pamela Reed; **S. 42–45**: Royal Mail Hotel; and **S. 52–55**: Mockingbird Meadows.